Marita und Jürgen Alberts

Es muss nicht immer Mord sein

Neue Krimi-Duette

Marita und Jürgen Alberts

Es muss nicht immer Mord sein

Neue Krimi-Duette

Edition Falkenberg

Titelabbildungen: fotolia

1. Auflage 2017

ISBN 978-3-95494-138-4
www.edition-falkenberg.de

Inhalt

Aufs Parkett gelegt oder: wem der Boden zu heiß wird

Ein Dramolett für drei Stimmen

Josef: Kurz vor zehn, noch nicht zu spät, oder?

Helga: Für was?

Josef: Du weißt schon.

Helga: Wir haben doch erst letzte Woche …

Josef: Aber heute ist mir gerade so danach.

Helga: Mir nicht.

Josef: Wann denn?

Helga: Mal sehen.

Josef: Etwas genauer geht es nicht.

Helga: Muss reichen.

Josef: Ein kleines Ründchen, nun komm schon.

Helga: Ach, heute nicht.

Josef: Hast du wieder deine Migräne?

Helga: Das auch.

Josef: Und was noch?

Helga: Ich hab ein Verhältnis!

Josef: Mit wem?

Karl: (Kommt unter dem Bett hervor, legt sich auf die andere Seite von Helga) Mit mir!

Josef: Wer sind Sie denn?

Karl: Ich bin der Karl!

Josef: Was haben Sie unter meinem Bett zu suchen?

Karl: Ich bin Parkettleger.

Josef: Und was machen Sie da unten?

Karl: Meine Firma hat Ihr neues Parkett gelegt und ich

will ich prüfen, ob alles gut gelungen ist. Holz ist ein Naturprodukt, das arbeitet. Es kann quellen und schwinden.

Josef: Unter meinem Bett?

Karl: Es kommt natürlich auch auf die relative Luftfeuchte in Ihrem Schlafzimmer an.

Josef: Muss das gerade jetzt sein?

Karl: Ich bin Perfektionist.

Josef: Und Sie haben ein Verhältnis mit meiner Frau?

Karl: Das Holz hat uns zusammengeführt.

Josef: Haben Sie eigentlich etwas entdeckt, als Sie das Parkett gelegt haben.

Karl: Nö, eigentlich … nö, eigentlich nicht.

Josef: Seit wann geht das so, mit Ihnen und meiner Frau?

Karl: Och, schon eine ganze Weile!

Josef: Wie lange?

Karl: Ein paar Monate. Ich bin hier ja ein- und ausgegangen. Wer ein neues Parkett haben will, muss viele Entscheidungen treffen. Und ein Parkettleger hat einiges im Angebot.

Josef: Wie sind Sie sich näher gekommen?

Helga: Coup de foudre!

Josef: Was ist das für eine Schweinerei …?

Helga: Coup de foudre – amour fou, wie du willst.

Josef: Gibt's das nur in Frankreich?

Helga: Ist dir auch schon mal passiert.

Josef: Wann denn?

Helga: Ist sehr lange her.

Josef: Raus mit der Sprache: Wann habt ihr euch kennengelernt?

Helga: Als du drei Monate in Dubai warst. Ich wollte dich überraschen. Die alten Teppichböden sollten raus und schöne Holzböden rein.

Josef: Die Überraschung ist dir gelungen. Aber warum musste es ein Parkettleger sein?

Karl: Ich bin Parkettkünstler. Ich berate und empfehle und designe nach ausgiebigen Hausbesuchen. Das Verlegen machen meine Mitarbeiter.

Josef: Und dann seid ihr ins Bett gestiegen?

Helga: Nein, nein, so schnell ist das nicht gegangen. Wir sind ja nicht mehr 20.

Josef: Aber ins Bett seid ihr schon, oder?

Helga: Das gehört ja irgendwie dazu!

Josef: Es hätte ja auch ein platonisches Verhältnis sein können.

Karl: *Ach, fürs Platonische bin ich nicht so.*

Josef: Und wie soll das jetzt weitergehen?

Karl: Einer von uns beiden muss das Bett verlassen.

Josef: Das werde aber nicht ich sein. Und Sie haben hier im Schlafzimmer wirklich nichts gefunden? Ich meine, außer meiner Frau ...

Karl: Nö, eigentlich ... war da nichts. Ich ziehe mich zurück. (Kriecht wieder unters Bett) Macht das unter euch aus.

Josef: Dann sag du mir doch, wie es weitergehen soll.

Helga: Ich hab gedacht, zwei Männer, die mich lieben, ist doch eine schöne Vorstellung.

Josef: Das sehe ich nicht so.

Helga: Dachte ich mir.

Josef: Hättest du nicht wenigstens mal eine Andeutung machen können?

Helga: Eine Andeutung hätte nichts geholfen!

Josef: Und wieso nicht?

Helga: Entweder die ganze Geschichte oder gar nichts.

Josef: Und was ist die ganze Geschichte?

Helga: Willst du die wirklich wissen?

Josef: Wo wir doch schon mal dabei sind! Was kann der Kerl, was ich nicht kann?

Helga: Zum Beispiel die Parkettleger-Stellung.

Josef: Was soll das sein?

Helga: Altes raus, Neues rein. Das Motto der Firma. Steht groß über den Showrooms. Da kann man viele Hölzer für die Verlegung sehen: Eiche, Lärche, Kirsche, Jatoba, Tigerwood. Und auch Muster: Würfel, Fischgrät, Englischer Verband.

Josef: Na, so genau will ich es dann doch nicht wissen.

Karl: (Kommt wieder hervor und steht neben dem Bett) Schon was entschieden?

Josef: Ach, ich dachte, Sie wären gegangen.

Karl: Nö, ich wollte erst mal abwarten, zu welchem Schluss ihr kommt.

Josef: Das geht so schnell nicht!

Karl: Wäre aber besser so.

Josef: Haben Sie einen Vorschlag?

Karl: Nicht direkt. Vielleicht lassen wir Helga entscheiden!

Josef: Gute Idee!

Helga: Das müsst ihr unter euch ausmachen.

Josef: Ich bin völlig überrumpelt worden. Darüber muss ich erst einmal nachdenken. Und Helga ist auch nicht eine von den schnellsten, was Entscheidungen angeht.

Karl: (Nimmt seine Sachen und zieht sich an) Davon kann ich ein Lied singen. Ich musste oft kommen, bis Helga sich entscheiden konnte, welches Holz in welchem Zimmer mit welcher Farbe. Wo Massivholzdiele oder Mosaikparkett. Ob rustikale Sortierung mit Kernholz, Ästen und Splint oder natur. Welche Oberfläche: glatt, gebürstet, gealtert oder geschroppt …

Helga: (Unterbricht ihn) Das Probeliegen in deinen Verkaufsräumen war eine große Hilfe. Hätte nie gedacht, dass eine geschroppte Eiche sich anders anfühlt als eine gebürstete Buche.

Josef: Und hier habt ihr auch überall …

Karl: Ich muss los … Ich hab noch andere Verpflichtungen … Aber in den nächsten Tagen sollte eine Entscheidung fallen …

Josef: Wollen Sie die schriftlich?

Karl: Von mir aus gerne. Sie scheinen ja ein sehr sympathischer Mensch zu sein …

Josef: Bis jetzt hat Helga sich nicht beschwert.

Karl: Ja, Helga ist auch ein liebenswerter Mensch, soweit ich das beurteilen kann.

Helga: (Setzt sich im Bett auf) Jetzt nur keine Verbrüderung.

Josef: Wieso? Verbrüderung? Ich hab doch deinen Liebhaber gerade erst kennengelernt.

Karl: (Steht in der Tür) Macht's gut, ihr beiden, ich melde mich in den nächsten Tagen wieder. (Und geht ab.)

Helga: Was soll Karl denn hier im Schlafzimmer gefunden haben?

Josef: Er hat ja nichts gefunden.

Helga: Aber du hast ihn zweimal danach gefragt.

Josef: Das hat nichts mit dir zu tun.

Helga: Aber wissen tät ich es schon gerne.

Josef: Überhaupt, was findest du denn an dem?

Helga: Ach der Karl, der ist genauso, wie du vor 20 Jahren warst.

Josef: Und wie war ich da?

Helga: Da hast du dich um mich bemüht und nicht nur um deine Firma gekümmert, hast mir manchmal was gekocht, und überhaupt, es war alles viel romantischer …

Josef: Das ist 20 Jahre her.

Helga: Eben.

Josef: Man kann die Uhr nicht zurückdrehen! Soll ich jetzt auch das Parkett spüren … Sag mir, wie es weitergehen soll.

Helga: Wenn ich das wüsste.

Josef: Vielleicht nicht doch ein Ründchen …

Helga: O.k. versuchen wir es!

(Die Tür geht auf.)

Karl: (Tritt ein) Ich dachte, hier wird diskutiert …

Helga: (Hat sich aus dem Bett geschlichen und ruft aus dem Badezimmer) Ich hab meine Migräne … Wär prima, wenn mir jemand ein Aspirin holt und der andere schon mal Wasser heiß macht für einen starken Kaffee.

Josef: Raus mit der Sprache: Was haben Sie mit den Unterlagen vor?

Karl: Welche Unterlagen?

Josef: Tun Sie nicht so unschuldig. Unter dem Teppichboden, hier unterm Bett, war ein dicker Umschlag. Den Sie wahrscheinlich an sich genommen haben. Helga kann es nicht gewesen sein, die hätte mir die Hölle heiß gemacht …

Karl: Ach d e n meinen Sie.

Josef: Genau den.

Karl: Mit den vielen handschriftlichen Vereinbarungen. Alles ganz schön illegal, was?

Josef: Höre ich da einen Unterton? Wollen Sie mir drohen? Wenn das an die Öffentlichkeit kommt, dann … Wieviel wollen Sie?

Karl: An eine konkrete Summe hab ich noch nicht gedacht, aber sechsstellig sollte Sie schon sein.

Josef: Dafür krieg ich den gesamten Inhalt des Umschlages wieder, ohne jede Kopie oder ähnlicher Scherze.

Karl: Sie wissen ja am besten, was für eine Sprengkraft sich in ihren Papieren findet: illegale Absprachen mit der Behörde, Aushebelung von Bieterverfahren, Schmiergeld-Quittungen, die ganze Sause … da würde mehr als ein Kopf rollen …

Josef: 100.000 und keinen Cent mehr.

Karl: Reichen Sie mir die Hand, dann schlage ich ein.

Josef: Was finden Sie eigentlich an Helga?

Karl: Och, die ist ganz patent. Wir haben uns gesehen und gefunden, wie gesagt, ein Coup de foudre.

Josef: Jetzt fangen Sie auch davon an. Ich weiß ja nicht mal, was das ist und Sie beide …

Karl: Sagen wir mal so: wenn zwei Menschen vom Blitzschlag der Liebe getroffen werden.

Josef: Und es gibt dabei keine Verletzten?

Karl: Doch.

Josef: Und wer?

Karl: Na Sie doch, oder?

Josef: Und das tut Ihnen nicht leid?

Karl: Jetzt, wo ich Sie näher kennengelernt habe, schon ein bisschen.

Josef: Ich habe einen Vorschlag: Sie nehmen Helga an den geraden Tagen und ich an den ungeraden. Was halten Sie davon?

Karl: Das geht nicht.

Josef: Und wieso nicht?

Karl: Weil ich an den geraden Tagen mit Gisela verabredet bin.

Josef: Ist das Ihre Frau? Oder haben Sie bei der auch das Parkett verlegt?

Karl: (Schaut auf die Uhr) Verdammt, ich verpasse über dem ganzen Schlamassel mein Rendezvous …

Josef: Mit Gisela?

Karl: Nein, mit Renate.

Helga: (Kommt ins Zimmer, ist ganz enttäuscht, dass sie keinen Kaffee bekommen hat) Was ist los mit euch beiden? Ich dachte, ihr seid Gentlemen und regelt das friedlich.

Josef: (Verlässt das Zimmer) Ich geh schon mal den Schotter besorgen.

Helga: Will er was bauen, mein Herr Bauunternehmer?

Karl: So ähnlich. Er will eher etwas kitten, was beinahe zerbrochen wäre.

Helga: Was denn nur? Meine Ehe?

Karl: Die auch.

Helga: Und was sonst noch?

Karl: Seine Karriere.

Helga: Steht die denn auf dem Spiel?

Karl: Die steht am Abgrund.

Helga: Und weswegen?

Karl: Nicht wegen dir, meine Helga.

Josef: (Kommt wieder herein. Er hält eine Pistole in der Hand) So, so, meine Karriere steht am Abgrund, das wüsste ich aber …

Helga: Josef, was willst du …

Josef: Dein Parkettfuzzi will mich fertig machen.

Karl: So einfach kann man das nicht sehen. Ich dachte, wir hätten einen Deal.

Josef: Wir hatten einen. Aber wer garantiert mir, dass Sie nicht längst was ausgeplaudert haben, wenn Sie schon ganz

Ich freu mich jedenfalls auf die Tage hier … mit Ihnen, mit dir, waren wir nicht schon beim Du?

Ich bin da etwas zurückhaltender. Wenn man sich gleich duzt, ist man nachher umso enttäuschter, wenn es nicht funkt.

Dann lassen wir es doch funken! Wir in Kölle haben da eine wunderbare Einstellung: Et kütt wie et kütt! Und ich sage, wenn et nix wird, dann wird et nix.

Was heißt das auf Deutsch?

Beatus, 3. April
Wahrscheinlich war er enttäuscht von mir. Immer das Gleiche. Beim Chatten freuen sie sich über jeden kölschen Witz und wenn man ihnen in bester Laune gegenübersitzt, dann gehen sie auf Distanz. Ob das an mir liegt? Kann ich mir eigentlich nicht vorstellen.

Auf den Fotos, die Karsten ins Dating-Portal gestellt hat, sieht er mindestens zehn Jahre älter aus. Absicht? Was weiß ich. Als Typ gefällt er mir. Sehr sogar. Auch diese bescheidene Art, nicht so viel von sich zu erzählen, gefällt mir. Ich rede ja bestimmt zuviel, scheint ihn aber nicht zu stören. Passt. Das Hotel gefällt ihm. Auch gut. Immerhin ist hier Carola mit ihrem Gerd glücklich gewesen. Die haben sich auch über LdN kennengelernt. Von ihr stammt der Tipp mit dem Beatus. Richtig romantisch ist der Blick auf den See und den Niesen. Und dieses warme Solebad, da leg ich mich jeden Tag rein und träume.

Jetzt also Karsten. Karsten Koch. So schnell möchte er nicht zum Du übergehen. Auch gut. Wenn er die langsame Variante wählt, bitte sehr. Beim Essen war er etwas zurückhaltend. Mit spitzen Fingern hat er sich vom Vorspeisen-Büfett nur das genommen, was er kannte. Bei manchem hat er einen

Spruch gemacht, z.B. beim Vitello tonnato. Thunfischsauce überm Kalbfleisch gibt eine Quecksilbervergiftung, meinte er, ganz ohne Spaß. Woher er das wohl hat?

Der Start ist trotzdem gelungen. Morgen Mittag wollen wir die Wellness-Abteilung ausprobieren.

Karsten: Ich habe einen großen Traum.

Katja: Man soll seine Träume verwirklichen, Herr Koch. Karsten, ich meine ist das nicht albern, da treffen wir uns auf ein Rendezvous in diesem schönen Hotel und sind immer noch ganz förmlich. Ich duze dich ab jetzt.

Von mir aus. (Steht auf) Ich bin der Karsten.

(Katja steht auch auf.) Und ich bin die jecke Katja, direkt aus Kölle. Also, wovon träumst du, Karsten?

Dass ich mich selbstständig machen kann. Ich hab die Pläne in der Tasche. Eine eigene Kette von Wetterstationen und ein Team von jungen Wetterfröschen und dann ran an die Anstalten. Jeder Sender hat da Bedarf. Täglich, ja manchmal sogar stündlich. Das ist wie eine Maschine zum Gelddrucken. Wie ist es denn bei Ihnen … ich meine bei dir gelaufen?

Ich war lange Jahre bei »Gänseblümchen« in der Maternstraße angestellt. Erst als kleine Verkäuferin. Dann die Treppe immer weiter raufgefallen bis zur Chefin der Filiale am Dom. Aber ich war eben nicht selbstständig in meinen Entscheidungen, wollte kein Gänseblümchen mehr sein. Hab meinen eigenen Blumenladen aufgemacht. War am Anfang nicht ganz einfach, aber jetzt läuft mein Geschäft bombig. Aber wir sollten nicht über unsere Berufe reden, sondern über uns, Karsten. Gehen wir gleich in die Sauna?

Oh, Sauna ist schwierig.

Warum?

Zu heiß.

Das ist die Idee von Sauna. Aber es gibt auch Dampfbäder.

Da kann man sich leicht was holen. Bazillen, Infektionen …

Warst du denn schon mal da?

Nein, nein, ich hab darüber gelesen.

Also, ich geh in die Sauna. Dann können wir uns ja im Solbad treffen.

Ach, ich schaue lieber nur zu, wie du Wellness machst, oder wie das heißt. Ich bin mehr so der zurückhaltende Typ, das wirst du schon gemerkt haben, oder?

Nein, ist mir noch gar nicht aufgefallen.

Ich bin schon in der Tanzstunde immer als Letzter aufgefordert worden.

Beatus, 4. April
Ich hatte mir so ein schönes Abenteuer ausgemalt, mit allem Drum und Dran. Mit gutem Essen und flottem Sex. Da sollte ja nicht gleich die Beziehung fürs Leben rauskommen, wenn auch das Dating-Portal damit wirbt. »Wir finden für jeden Topf ein Deckelchen. Und wenn der Deckel mal zu groß ist, dann zischt eben etwas mehr Luft raus« – so hats schon bei der Anmeldung bei LdN, Liebe-deinen-Nächsten, geheißen. Und jetzt die Realität: Karsten Koch. Ein Zögerer und Zauderer vom Wetteramt Freiburg. Regenbeamter mit Pensionsberechtigung. So einer will sich selbstständig machen. Ob der das jemals schafft? Wär ihm ja zu wünschen.

Was er sich angestellt hat, als wir ins warme Solbad gestiegen sind und ich mich im Strömungskanal habe rumwirbeln lassen. Er klammerte sich an der Haltestange fest und rief, ich solle vorsichtig sein, das wäre doch gefährlich, viel zu schnell und husch war ich wieder an ihm vorbei. Er flackerte genauso wie das blaue Licht der Alarmlampe.

Karsten Koch ist eine gut aussehende Flasche. Lecker, wie man in Kölle sagt, echt lecker. Knusprig, das ganze Äußere von dem Typen, aber innendrin so fade wie ein Wackelpudding. Und ich hatte mir eine Götterspeise erhofft.

Karsten: Um nochmal auf meinen Traum zu sprechen zu kommen, Katja, mir fehlen nur so rund 30.000 €. Den Rest hab ich schon zusammen. Die Sparkasse räumt mir einen Kredit von 15.000 € ein …

Katja: Und woher willst du die fehlenden 15.000 € nehmen? Die Sparkasse scheint mir eher realistisch zu sein und sich nicht so weit aus dem Fenster zu hängen.

Da arbeite ich noch dran.

Du meinst nicht etwa du arbeitest an mir, oder?

Wenn du einsteigen möchtest …

Ich bin eigentlich hierhergekommen nochmal Romantik und Liebe und auch, wenn du willst, ein sexuelles Abenteuer zu erleben und stattdessen …

Das mit dem Sex …

Da muss man aufpassen, ich weiß … Da kann manches schiefgehen und nachher …

Aber wenn du so schnell zur Sache kommen willst.

Auch ohne Kredit?

Katja, was hältst du von mir?

Nur, das Beste, nur das Beste. Am Nachmittag machen wir eine Bootsfahrt auf dem Thuner See. Auf der MS Beatus II, dem schwimmenden Sofa. Weißt du, wie man das Boot im Beatus intern nennt?

Nein, sag es mir.

Schwangere Hochseekuh, aber nicht weitersagen. Und auf der werden wir uns um halb vier vergnügen. Man kann sich auf dem Schiff auch massieren lassen, auf den schaukelnden Wellen, sehr erotisch.

Hast du nicht die Wolke gesehen, die über dem Niesen steht? Das bedeutet Wetterumschwung. Da kann das Boot in schwere See gelangen und dann ...

Karsten, nun vermies mir nicht die Tage hier. Du siehst Katastrophen, wo gar nix ist. Et is noch immer jutjejange, haste dat schon wieder verjesse?

Ich steig da nicht mit ein. Unter keinen Umständen gehe ich mit aufs Boot.

Wenn et nix is, dann is et nix!

Karsten: Diese Katja ist ein harter Brocken. Kein Mitleid mit einem schüchternen Beamten. Ich spiele schon den dritten Tag den Ängstlichen, der vorwärtskommen will. Hat bisher immer geklappt. Irgendwann werden alle weich und leihen mir das Geld. Was hab ich nicht schon angestellt, um mein Netz auswerfen zu können. Thea, Frieda, Karoline, alle haben mir am Schluss vertraut. Manch schönes Abenteuer. Und diese Frau aus Köln, die krieg ich auch noch. Die zappelt halt ein bisschen länger. Bei den anderen ging es leichter. Kaum kriegen sie mit, was ich für ein gebeuteltes Würstchen bin, kommen die Mutterinstinkte und sie wollen mir helfen. Ich bin nur noch einen Tag von meinem Ziel entfernt. Hoffentlich reicht die Zeit. Mit meiner Routine muss es mir noch einmal gelingen, dann hab ich die Kohle zusammen und kann mich endgültig absetzen. Jedenfalls hat Katja noch keinen Verdacht geschöpft. Das könnte schnell zu meinem Ruin führen.

Notfalls muss ich mit ihr ins Bett steigen.

Beatus, 6. April
Beinahe wäre ich der Versuchung erlegen, mich mit ihm einzulassen. Gestern Abend in der Bar war Karsten wie ausgewechselt: erst charmant flirtend, dann angesäuselt draufgängerisch. Aber irgendetwas stimmte an dem Kerl nicht. Weibliche Intuition, was weiß ich denn.

Der Schock kam am Morgen. Kurz nach sieben. Karsten Koch ruft an. Ich denke, was will der mir so früh per Telefon mitteilen.

Karsten 2: Entschuldigung, es tut mir unendlich leid, nochmals Entschuldigung. Bist du noch dran?

Katja: Ja, klar. Was willst du denn um diese Uhrzeit? Können wir das nicht nachher beim Frühstück …

Karsten 2: Wieso Frühstück? Bis dahin bin ich noch gar nicht da.

Katja: Bist du denn über Nacht nach Freiburg zurück gefahren?

Karsten 2: Nein, ich fahre jetzt erst los.

Und da ging mir ein Licht auf. War ja auch noch reichlich früh am Morgen. Karsten Koch ist gar nicht Karsten Koch. Jedenfalls nicht der, der sich seit Tagen bei mir dafür ausgibt. Der Karsten Koch, mit dem ich mich im Beatus zum Blind Date treffen wollte.

Karsten 2: Ich habe einen dummen Fehler gemacht und bin in eine Falle geraten. Jemand hat mir ein lukratives Geschäft vorgeschlagen, mich in seine Wohnung gelockt und ganz geheimnisvoll getan. Er hat meine Papiere, Handy, Kreditkarten konfisziert, als Teil seines Plans, und mich dann eingesperrt …

Katja: Wieso eingesperrt?

Karsten 2: Im Keller eingesperrt. Hat ein paar Tage gedauert, bis ich befreit werden konnte. Der Typ ist ein ganz gewöhnlicher Krimineller.

Katja: Dieses Würstchen? Kann ich mir kaum vorstellen. So eine leere Flasche!

Karsten 2: Katja, da kommt einiges zusammen: Freiheitsberaubung, Entführung, versuchter Betrug, gewöhnlicher Diebstahl von meinen Papieren, Urkundenfälschung, Einchecken unter falschem Namen …

Wie heißt er noch richtig?

Dick Wuppermann.

Ich werde nie sein Gesicht vergessen, als du plötzlich an unserem Tisch auftauchtest. Erst wurde er weiß, dann rot, dann fing er an zu stottern, alles ein Missverständnis, er könne das alles erklären und so ein Mumpitz …

Der kann froh sein, dass ich ihm nicht eine verpasst habe, verdient hatte er das allemal.

Und dann suchte er nur noch einen Fluchtweg …

Hatte keine Chance. Als dann die beiden Polizisten erschienen …

Die Kantonspolizei hat vorhin nochmal angerufen. Dick Wuppermann arbeitet beim Dating-Portal »Liebe deinen Nächsten«. Daher hatte er die ganzen Daten von uns und konnte sich als Karsten Koch aus Freiburg ausgeben. Es liegen schon andere Anzeigen gegen ihn vor, Hochstapelei und Heiratsschwindel.

Nun sitzt er hinter Gittern.

Und wir lassen es jetzt funken! Prost, Karsten!

Intermezzo 1 (1968)

Im Wahlgang

Beginnend am Marktplatz wird die Prozession zusammengestellt, Lange Gasse und auch Haaggasse, Musik voran zum Warmsingen, dass die Finger warm werden, in langen Reihen das Credo *in civitatem* betend oder mehr lustig aufsagend, ein paar Fahnen, keine Wahlfahnen, die Straßen sind freigehalten, da wird alles erfasst, wir wählen heute, was Beine hat, unter Unterführern werden Gruppen gebildet, Alte zuerst mit Frauen, Männern und Jungwähler bilden den Schluss, schleust man die Wähler durch Gassen, schleust man Sie über Rollbahnen durch den Wahltunnel, vorbei am Friseurladen: Scheren, acht Mark, wo sie ihre Wahlkarte abgeben und dann einen Knopf betätigen dürfen: ich habe gewählt, man möge bestimmen, welche Partei sich für mich eignet, mit freundlicher Hochachtung, und die Wähler zum Wahlball mit Wahlhelferinnen marschieren, den Kopf voller Reisepläne und Fußballergebnisse, bis die Beine schwer werden, langsam schlendern sie nach Hause, um am nächsten Morgen die Wahlergebnisse im Radio zu hören, die schon vorher feststanden, in der Zeitung zu lesen, dazu die ersten Beschlüsse der neuen Koalitionsregierung, die man schon vorher gebildet hatte, wo sich mancher den Alkohol aus den Augen reibt: so war das nicht gemeint, aber Ablenkungsmanöver haben schon begonnen.

»Denn eine Institution (gemeint ist: der Staat), die nicht mehr entschlossen ist, sich selbst mit allen Waffen zu schützen, gibt sich praktisch auf.« (A. Hitler, »Mein Kampf«, 107.-111. Auflage, 1934, S. 268)

Sie betreten das Wahllokal, Betreten erlaubt, betreten, ehrfürchtig, etwas scheu, Polioimpfung oder Führerscheinprüfung, leicht niedergeschlagen, eher einen Schritt zurück als einen vorwärts, lassen Sie sich den Stimmzettel aushändigen, verschwinden hinter dem Vorhang, wo Sie häufig länger als ein Kreuz brauchen, als würden Sie auf den Zettel schreiben, alle Parteien gefallen mir nicht, ich möchte, aber Sie schreiben auch nicht, ich wähle nur SPD, wenn die SPD dafür sorgt, dass, Sie machen schlicht ein Kreuz und für den Herrn Kandidaten, meist von derselben Partei, weil Sie nicht wissen, dass man auch, schlicht wie ein alter Priester es tut, da stehen alle Wahlhelfer auf, vielleicht ein Segen für die Wahlurnen gefällig, dann schreitet er in die Kabine, lässt den Vorhang offen, weil jeder weiß, was er wählt, weil er sagte, was er wählt, weil die Gemeinde wählt, was er sagte, da wird er sich jetzt nicht anders entscheiden, auch Erscheinungen in der Nacht sind Eingebungen des Teufels, dann kommt er, der Kandidat der SPD, oder der CDU, trifft auf den Priester, reicht ihm die längst nicht mehr rote Hand, der Priester geht, der Kandidat wählt im Blitzlicht sich und seine Partei, wenn meine Stimme, dann für mich, andere sprechen auch nicht für andere, schüttelt die Hände, die nachher auszählen, setzt sich dann nebenan ins Lokal, um seine Freunde und Feinde zu begrüßen, und schlürft die Stimmen in langen Zügen, ohne sich zu verschlucken, spricht vielstimmig, und die Zeitung bestätigt anschließend, dass angesichts ganz gleich welcher Verhältnisse die Wahlbeteiligung anständig hoch war, und wenn Sie mal soweit sinken sollte, wird man sich der Beispiele noch schlechterer Wahlbeteiligung in anderen Ländern bedienen, werden Sie hereingeschleust zur Abstimmung, rechts und dann noch weitere Umleitungen, und wählen ungültig, wenn Sie ihren Füller vergessen haben, oder kreuzen alle Felder an, weil Sie meinen, wer am meisten ankreuzt, oder machen ein Kreuzworträtselmuster, und das wählte schon mein Vater, der war mal Stadtrat und mal Studienrat, in der Absicht, nichts zu verändern, stellt man ihnen immer dieselben Kreise zur Wahl, in der Absicht, nichts zu verändern, stellt eine alte Frau den Wahlhelfer zur Rede: kann man denn das noch wählen, nein, die Partei wurde verboten, sagt der Wahlhelfer, was kann ich denn wählen, dürfen Wahlhelfer nichts empfehlen, nur neutral sein, zeigen auf einen Kreis und meinen natürlich alle, hier muss das Kreuz rein, und schlagen den Vorhang zurück, kommen mit hochpolitisch geschwellter, bürgerpflichtiger Brust zur Urne, dass man nicht weiß, ob Sie nicht gerade die 3. Lesung der Finanzreform hinter sich haben, jetzt habe ich es denen aber gezeigt, mit einem verschmitzten Gesicht, das ist der Wahltipp, und meinen Sie würden gewinnen, weil Sie einen Richtigen haben. *»Wer mich daran hindern würde, an die Macht zu kommen, den würde ich umbringen. Ich will Freiheit, Gerechtigkeit und Wohlgefühl für das deutsche Volk, wenn es sein muss, mit der Maschinenpistole erreichen.« (F. J. Strauss)*

Falscher Wal

Ein Krimi in zwei Stimmen aus Spiekeroog

Hier, genau an der Aussichtsdüne Frederikental hat der Mord angefangen.

War doch kein Mord, Felix.

Das wüsste ich aber, Beate.

Du immer mit deinen Spekulationen. Überall siehst du Mord und Totschlag. Es war ein vorsätzlicher Unfall.

Hier haben wir damals beobachtet, wie die beiden sich geküsst und zu dem Mord verabredet haben.

Stimmt nicht. Er hat gesagt, er will damit nichts zu tun haben. Das hab ich genau gehört.

Aber er hat es auch nicht verhindert, oder? Ich weiß noch genau, wie Isolde Lohengrin zu ihm gesagt hat …

Die hieß weder Isolde noch Lohengrin …

Wie hieß sie denn?

Irgendwas mit Herta oder Berta oder Klara …

Na, so genau weißt du es aber auch nicht. Ist ja auch egal. Also Berta Lobenberg …

Wie kommst du jetzt auf den Namen?

Ist mir gerade wieder eingefallen.

Nach so vielen Jahren?

Ich hab ein prima Gedächtnis.

Ach ja? Manchmal weißt du morgens nicht mehr, wo du abends dein Gebiss hingelegt hast.

Aber an den Namen kann ich mich erinnern. Berta hieß sie.

Nein, Klara. Klara Lohengrin.

Ich gebe nach. Klara, von mir aus. Sie hat zu ihm gesagt, sie halte es bei Otto nicht mehr aus.

Und darauf hat der Knutscher gesagt, das sei nicht sein Problem. Helfen wollte er ihr auch nicht.

Eben. Deswegen hat sie das alleine durchgezogen, um ihren Otto ...

War ja auch ein Arschloch, dieser Otto. Hab ich gleich am ersten Tag gemerkt, als die in die Ferienwohnung neben uns eingezogen sind.

Wie er immer gerufen hat: Frau, ein Bier! Frau, das Frühstück! Frau, wir gehen jetzt schlafen! Frau, Spiekeroog ist nicht Island!

Sie war ja anfangs auch ganz duldsam.

Frau, Hunger! Frau, mach dies! Frau, mach das! Immer hat er diese kurzen Befehle gebellt. War früher wahrscheinlich Feldwebel bei der Bundeswehr. Und dabei war er erst Anfang 50.

Das war er bestimmt nicht. Der war älter.

Von mir aus, 55.

Gib doch nicht immer nach, Felix.

Ich gebe gerne nach, Beate ... wenn es um Kleinigkeiten geht. Aber bei diesem Mord ...

Unglücksfall!

Mord, meine Liebe. Ganz sicher. Sie hat daran gedreht.

Warst du dabei?

Nein, natürlich nicht. Aber sie war kein bisschen überrascht oder gar entsetzt, als Otto an dem Abend plötzlich umfiel und der Notarzt kommen musste ... Immerhin hat ihr Otto den Rettungsflug nicht überlebt ... Wahrscheinlich war sie froh, dass das Arschloch ...

War ja ein Spaß, die beiden ein wenig zu observieren.

Das kann man sagen.

Wie beim Geheimdienst. Gemerkt haben die nix.

Kannst du dich an den Streit erinnern, als er ihr zum hundertsten Male von Island vorgeschwärmt hat, um ihr dann die Überraschung zum Hochzeitstag mitzuteilen: es werde Walfisch serviert – ein einmaliger Genuss. Otto, der Große, will es in Island genossen haben.

Sie wollte ja partout kein Walfleisch essen. Erstens sei es unmoralisch, zweitens überhaupt verboten, außerdem soll es ranzig und fettig und nach Lebertran schmecken … und das alles auch noch an ihrem 25. Hochzeitstag.

Nichts da, Frau! Gegessen wird, was ich bestellt habe! Ist gar nicht so einfach gewesen, den Koch dazu zu bringen, Wal illegal zu besorgen, hat er getönt. Frau, einmal im Leben musst du das probieren! Wir konnten ja hinter der Hecke immer alles mithören.

Und weil Klara nicht noch länger Streit wollte, hat sie nachgegeben. Zum Schein …

Das möchte ich auch mal können, zum Schein nachgeben.

Kannst du doch, Felix. Machst du jeden Tag. Meinste, ich merke das nicht.

Was Otto nicht wissen konnte: Klara hat sich am nächsten Tag hinter den Koch gesteckt und mit ihm vereinbart, statt Wal jungen Thunfisch auf den Tisch zu bringen. Am Holzspieß. Das würde Otto bestimmt nicht merken … Natürlich wollte der Koch sich nicht strafbar machen.

Und dabei hat sich Klara in ihn verguckt. Dieser Schweizer Koch sah aber auch irre gut aus. Hätte glatt als Schauspieler durchgehen können.

Otto, das Arschloch, fiel überall auf mit seinem Feldwebelton: in der Bäckerei, als er die letzten Brötchen für sich reklamierte, obwohl drei Leute vor ihm waren – in der Museumspferdebahn, wo er direkt hinter dem Kutscher sitzen wollte …

Und als er Klara beim Dünensingen öffentlich blamiert hat …

… wussten alle, was sie von dem Knallkopp zu halten hatten.

Wie er mitten in dem Lied »Kein schöner Land in dieser Zeit« rüber in den Alt gerufen hat: Klara, du singst so falsch, dass es einer Sau graust! Halt doch einfach den Mund beim Singen! Alle waren geschockt. Totenstille. Bis einer der Sänger rief: Können Sie ihre Ehekrise nicht zu Hause lassen? Da haben alle gelacht und weiter gesungen.

Und dann kam die Sache mit der Massiererin.

Masseuse, heißt das.

Auf jeden Fall war sie ein extrem hübsches Ding. Thailand, Indien, Korea, irgendwas Asiatisches.

Ach was, die kam von Spiekeroog.

Ist doch auch egal, oder? Wenn er Klara zurief: Frau, ich geh jetzt wieder zu meiner Domina! Dass wir es hören konnten. War schon eine tolle Frau und was die für Hände …

Woher weißt du das denn?

Ach, ich …

Na was?

Na ja, ist ja lange her.

Was ist lange her?

Bestimmt zwanzig Jahre.

Ich will das jetzt wissen.

Ich bin auch einmal bei der gewesen.

Und das erfahre ich erst jetzt?

Das war an dem Tag, als du unbedingt eine Fahrt zu den Seehundbänken mitmachen wolltest.

Und wie war sie?

Wer?

Na, diese Masseuse.

Ich hatte ein Drei-Sterne-Menü erwartet, aber es war nur Hausmannskost.

Wenn das nicht geflunkert ist, Felix.

Ich flunkere nie.

Nein, du lügst nur ab und zu.

Woher willst du das wissen?

Ich sehe es dir an.

Wann denn?

Wenn du von anderen Frauen sprichst …

Ach ja?

Zum Beispiel von dieser Masseuse. Die war wahrscheinlich himmlisch, aber jetzt spielst du es herunter, damit ich nicht sauer werde …

Ist doch so lange her.

Genauso lang wie dieser Unglücksfall.

Mord, Beate, das war Mord!

Dieser vorsätzliche Unglücksfall. Bei dem der verliebte Koch seine Rolle gut gespielt hat – auch mit dem falschen Wal-Spieß.

Frau, heute Abend kannst du was Einmaliges essen! Das wirst du nie vergessen!

Vorher hatte er doch immer posaunt: Wir gehen niemals auswärts essen, ich hab meinen eigenen Koch!

Aber an dem Abend …

An welchem?

Na, an dem Hochzeitstag, als wir den beiden in das Lokal gefolgt sind. Aber erst musste sie noch am Aussichtspunkt »De Utkieker« unter dem nackten Mann für ein Foto posieren.

Jetzt plötzlich erinnerst du dich wieder an alles, oder?

Das weiß ich noch wie heute. Wir haben am Nebentisch Platz genommen. Ich hab noch irgendwo die Rechnung.

Hast du nicht!

Kleiner Scherz. Aber wir haben das Gleiche wie sie bestellt: Wal-Spieß, mit einer ganz besonderen Tunke. Die war irre scharf.

Wasabi, war das.

Wa was?

Wasabi, Meerrettich, eine grüne Paste. Da kannst du dich ganz schön mit in Wallung bringen. Eine Messerspitze genügt.

Otto stand auf, schlug an sein Weinglas und setzte zu einer Rede an. Plötzlich kippte er zur Seite. Einfach so. Große Aufregung an allen Tischen. Klara rief den Schweizer Koch ... Und die Blicke, die da zwischen den beiden hin- und hergingen, die vergesse ich nie ...

Das Wasabi war schuld, kann gar nicht anders gewesen sein.

Sein Gezeter, als der Notarzt kam. Da lag er schon am Boden und japste.

Hyperventiliert.

Der Arzt sagte, er müsse sofort aufs Festland ins Krankenhaus geflogen werden ... Nicht ohne die Frau!, röchelte Otto, nicht ohne die Frau!

Überall im Lokal Getuschel ... Dem haben sie das Maul gestopft, jetzt hat er einen Denkzettel bekommen, und das am Hochzeitstag. Es war schon überall rum, was für ein Schinder Otto war, hat ja nicht nur seine Frau kommandiert ... einige haben sogar verstohlen gekichert ...

Der hat was nicht vertragen.

Das Wasabi, sag ich doch.

Nein, in der scharfen Soße versteckt war …

Na was?

Fein gemahlene Mandeln.

Und was soll …

Otto vertrug keine Nüsse. Beim Bäcker hab ich mitbekommen, dass er immer nachfragte, ob da wirklich keine Nüsse drin sind. Er hätte eine Allergie.

Und du unterstellst Klara …

Klara knutscht mit dem Koch, der lässt sie in seine Küche, die schüttet gemahlene Mandeln in die scharfe Soße, und Otto kriegt seinen allergischen Anfall. Eindeutig Mord, meine Liebe.

Vorsätzlicher Unfall, so nenne ich das. Der schöne Koch hatte jedenfalls nichts damit zu tun.

Woher willst du das denn wissen?

Ich habe ein bisschen mit ihm geflirtet …

Das ist, das ist … also

Reg dich nicht auf! Ist doch lange her.

Hinter meinem Rücken?

Klara musste nach Ottos Tod ja abreisen und da hab ich mich mit ihm getroffen, an der Franzosenschanze.

Und wo war ich da?

Bestimmt bei deiner Masseuse.

Von Geld und Gier und Leidenschaft

Ein Krimi vom Vierwaldstätter-See

Montag
Niemand hätte ahnen können, wie dieses harmlose Spielchen enden würde. Nicht mal der beste Prophet unserer Zunft, der Börsengott aus New York.

Wir sitzen in der »Feuerlilie« mit Ausblick auf den Bürgenstock, tolles Panorama. Direkt am Vierwaldstätter-See. Ein Bonus für verdiente und erfolgreiche Banker aus ganz Deutschland. Und ein müdes Thema, das wir schon tausend Mal durchgekaut haben: »Moderne Bankberatung in Zeiten der Negativzinsen. Aber wir nehmen trotzdem gerne an dieser Fortbildung im FloraAlpina teil, so entgeht man dem Trott und dem heimischen Stress. Schon in der ersten Arbeitseinheit nicken einige Kollegen ein. In unserem Seminar sind 19 Männer und eine Quotenfrau. Wie immer. Kurz vor der Mittagspause geht die Tür auf und herein tritt ein Engel in Menschengestalt. Direkt vom Laufsteg in Mailand oder Paris. Eine Figur, die in tausend Stunden Fitness-Studio modelliert worden ist, goldblondes Haar wie diese Tagesthemen-Moderatorin.

»Gruezi miteinand, meine Dame, meine Herren, ich bin für diese Woche Ihre Freizeitgestalterin. Sie können auch sagen: Animateurin.«

»Animatöse«, ruft der Kollege aus Herborn. Ohne den Zwischenruf zu beachten, säuselt der Engel weiter:

»Ich werde Ihnen in den nächsten Tagen stets am Nachmittag ein Ausflugsprogramm anbieten, damit Sie diese Region

von ihrer schönsten Seite kennenlernen. Das sind Angebote…

»Auch unmoralische Angebote?«, meldet sich der Zwischenrufer erneut. Er wird mit einem Blick zu Boden gestreckt.

»Angebote oder Optionen, um mal in Ihrer Sprache zu reden. Daran können Sie, müssen Sie aber nicht teilnehmen. Eigentlich wollte ich heute mit dem Höhepunkt beginnen: die Fahrt mit der Zahnradbahn auf die Rigi. Aber ein Blick auf die Webcam zeigt, dass wir oben nur Wolken zu sehen bekommen. Also geht es stattdessen viertel vor drei aufs Schiff nach Luzern zu einem kleinen Stadtbummel. Wer ist dabei?«

So schnell haben meine Kollegen und ich noch nie die Hände in die Höhe gestreckt. Bei dieser Reiseleiterin.

»Entschuldigen Sie, ich habe vergessen mich vorzustellen. Ich bin Felicitas Hansen. Noch Fragen?«

So fing das an. Einen solchen Auftritt hatte gewiss noch keiner von uns bisher erlebt. Und auch nicht erwartet, obwohl dieses Seminar uns verdienten Bankern eine gute Mischung aus Arbeit und Freizeit bieten sollte. Die meisten von uns, auch die etwas älteren Semester, sind ja Single, was viel mit unserem Beruf zu tun hat. Deswegen wird diese Frau Hansen natürlich schnell das Objekt der Begierde. Wer wird das Rennen machen … um den »Engel aus Eimsbüttel«, wie ich sie für mich getauft habe. Denn von dort kommt sie her, wie ich von ihr erfahren habe. Ein kleines Tête-à-Tête, nicht mehr und auch nicht weniger.

Luzern, sehr sehenswert. Bei der Einfahrt des Schiffes ruft einer der Kollegen: »Prima, hier gibt’s ja ein Casino!« Und zeigt auf das große Gebäude neben dem Hotel National. Als erstes führt uns Felicitas zu der einzigartigen Holzbrücke.

Die Kapellbrücke aus dem Jahre 1365 wurde nach einem Brand wieder aufgebaut. In den Giebeln der Brücke sind noch einige der alten Bildtafeln erhalten. Durch die Altstadt mit den bemalten Häusern und den weitläufigen Plätzen gehen wir zum Löwendenkmal. Als wir später vor dem Gasthaus »Zum wilden Mann« stehen, sagt unser Engelchen:

»Habt ihr Lust, heute Abend ein bisschen zu zocken? Im Grand Casino, wenn wir schon mal in Luzern sind. Wer kommt mit? Die anderen werden zurück ins FloraAlpina gebracht. Also, wer ist dabei?«

Und sie sagt das so, dass niemand ihr widerspricht. Obwohl wir dadurch das Abendessen verpassen werden.

»Das Grand Casino Luzern ist sehr berühmt. Im September wurde dort eine Weltpremiere gefeiert mit einem neuen Spiel: Jassino, ein spannender Mix aus Jass und Pokern.«

Kaum einer von uns ist jemals in einem Spielcasino gewesen. Unterwegs erklärt Felicitas, was einfache Chancen sind und wie man mit einem System des Verdoppelns langsam aber sicher sein Vermögen vermehren kann.

»Man spielt nur auf den drei Ebenen der einfachen Chancen: schwarz oder rot, gerade oder ungerade, die ersten 18 Zahlen oder die zweiten 18. Immer, wenn der gesetzte Chip erfolgreich war, kassiert man ihn samt des Gewinns. Wenn der eingesetzte Chip verloren geht, also schwarz statt rot kommt, verdoppelt man den Einsatz. Bei Gewinn kassieren, bei Verlust verdoppeln. Ist doch einfach, oder?«

Wir sind aufmerksame Schüler, keiner, der mehr dazwischenredet. Wer würde dieser Glücksfee schon widersprechen wollen?

Zehn Franken Eintritt, aber auch einen Gratis-Chip von fünf Franken, mit dem man gleich spielen kann. Wir verteilen uns an die Tische und versuchen, das Gehörte in die Tat umzusetzen. Und dann passiert es. Großes Geschrei, der Kollege aus Solingen behauptet, er habe einen 50-Franken-Chip auf Rot gesetzt, aber der Spieler neben ihm habe den Gewinn einfach eingestrichen. Der Obercroupier muss eingreifen. Kaum haben wir die ersten Einsätze getätigt, ist die Stimmung versaut. *Rien ne va plus.* Zwar bekommt unser Kollege Recht, aber irgendwie ist die Luft raus. Mist, hätte so ein schöner Abend werden können. Auf der Rückfahrt sagt Felicitas, so dürfen wir sie jetzt alle nennen: »*Wenn Ihr Lust habt, ein bisschen zu zocken, können wir das auch einfacher im Hotel haben. Wir spielen ein munteres Kartenspiel. Und treffen uns am besten unten in der ›Feuerlilie‹. Da haben wir Platz und sind ungestört. Die Regeln sind ganz einfach.*«

Noch während der Fahrt erklärte sie uns, wie das Spiel geht.

»*Grundeinsatz: zehn Franken, die kommen in den Pott. Aus einem Kartenspiel zieht jeder eine Karte. Und aus einem identischen Kartenpaket zieht einer von euch eine Karte. Wer die analoge Karte dazu hat, gewinnt und bekommt den Pott. Soweit klar?*«

Es setzt ein Gelächter im Bus ein. Dieses Spiel ist für Menschen, die dümmer als ein Meter Feldweg sind. »Und was haben Sie davon, wenn Sie Überstunden machen? Das gehört doch bestimmt nicht mehr zur Animation«, fragt der Kollege aus Herborn, der sich schon mit den ersten Bemerkungen aus dem Rennen um die Gunst des Engels katapultiert hat.

»*Ein Prozent … ich bekomme ein Prozent von dem Pott.*«

Einige der Kollegen wollten, dass wir sofort nach Ankunft im FloraAlpina mit dem Spiel beginnen. So scharf waren sie darauf, um Geld zu spielen. Aber Felicitas lehnte ab. Morgen werde die Party steigen. Alles klar?

Dienstag
Thema des Tages. »Reich aber glücklich, oder: Wie hält man verwöhnte Kunden bei Laune?« Als ob wir das nicht wüssten. Nur der Ausblick auf den See und die Vorfreude auf den Engel aus Eimsbüttel hält uns bei Laune. Der Referent verwechselt mehrfach brutto und netto, ganz so wie unsere Kanzlerin. Nachmittags gings dann auf die Rigi. Alle Mann an Bord, nur die Kollegin hatte Höhenangst und ließ sich die einzigartige Holzhütten-Sauna anheizen. Schon die Fahrt mit der Zahnradbahn ist ein nostalgisches Vergnügen, früher soll eine Dampflok die Waggons nach oben gezogen haben. Auf der Rigi blauer Himmel und ein 360-Grad-Panorama. Wir haben Glück, eine grandiose Fernsicht. Felicitas ermuntert uns, bis zur Station Rigi Kaltbad zu wandern. Damit wir genug Hunger aufs Vier-Gang-Menü und das anschließende Spielchen haben.

»Wer von euch ist heute Abend dabei? Ich will noch ein paar Mitspieler aus dem Casino dazu einladen, damit wir auf die Zahl 32 kommen.«

»Warum gerade 32 Mitspieler?«, will ich wissen, nicht ahnend, was es damit auf sich hat.

»Erstens ist 32 eine ganz besondere Zahl, das wissen wir seit Pythagoras. 3 minus 2 ist 1, die heiligste aller Zahlen – 3 plus 2 ist 5 – damit beginnen fast alle Zahlenspiele: wir haben fünf Finger, fünf Zehen. Und zweitens: ein Skatspiel hat 32 Karten. Das ist kein Zufall.«

Kaum fahren wir mit der Zahnradbahn talwärts, bricht ein Tumult in unserem Waggon aus. »Hast du Netz?« – »Was ist denn jetzt mit dem Internet?« – »WhatsApp kaputt?« – »Don't fuck with the Wifi!« – Plötzlich sind alle Smartphones lahmgelegt. Die Touristen aus aller Welt wie paralysiert. Einer pöbelt den Zugführer an, ein anderer beschimpft seinen

Nebenmann. Ich ahne, was geschehen ist: Der Kollege, der mit mir in die Schweiz gereist ist, hatte sich illegal einen Handy-Jammer besorgt, damit kann er im Umkreis von zehn Meter alle Netzverbindungen unterbrechen. Ich strahle den Kollegen an. Wir schmunzeln.

»Wer kann am besten mischen?«, fragte Felicitas. *»Ich brauche zwei Helfer: einen Mischer und einen Kontrolleur, damit auch alles mit rechten Dingen zugeht.«*

22 Uhr. Raum »Feuerlilie«. Von uns waren 16 erschienen, von den externen Mitspielern ebenfalls 16. Die erforderliche Anzahl ist erreicht.

»Zehn Franken Mindesteinsatz – ich bekomme ein Prozent vom Umsatz, macht 3 Franken 20. Ich lasse jetzt die Holzschale rumgehen, damit alle ihren Zehner reinlegen können. Jeder passt auf seinen Nebenmann auf. Wir haben die neuen Kartenstapel aufgeschlagen, sie sind kontrolliert. Der Kontrolleur nickt. Also beginnen wir. Alles klar?«

Die Runde dauert nicht mal fünf Minuten. Dann steht der erste Sieger fest. Er kassiert den Pott: 316 Franken 80. Für zehn Franken Einsatz. Fast so gut wie im Casino, da bekommt man 35-mal den Einsatz bei einem gewonnenen Plein. Es ist der Filialleiter einer Privatbank aus Köln-Ehrenfeld. Irgendwie kommt mir sein Gesicht bekannt vor. Ist das nicht dieser Undercover …

»Noch eine Runde?« Felicitas schaut zu den Bänkern. *»Will jemand aussteigen?«*

Kein Finger rührt sich. Unsere Spielleiterin sagt, dass an der Bar oben noch Mitspieler warten, die einsteigen, wenn jemand nicht mehr mitmachen möchte.

»Das ist alles freiwillig, meine Herren. Ich mache nur ein Angebot …«

Nach fast zwanzig Runden schlägt jemand vor, den Grundeinsatz zu verdoppeln. Wie bei dem sicheren Roulette-System. Fünf der Mitspieler steigen aus, es waren solche, die insgesamt 200 Franken verspielt und nicht ein einziges Mal den Pott gewonnen haben. fünf Anwärter von der Warteliste steigen ein.

Kurz vor 1 Uhr morgens sagt Felicitas:

»Schluss für heute. Morgen mehr. Alles klar?«

Mittwoch

»More risk, more money« – das interessiert natürlich jeden von uns, obwohl unsere Kunden ja manchmal zu sicherheitsbewusst sind und für kein Risiko trotzdem dicke Zinsen kassieren wollen. Der Seminarmorgen war etwas lockerer als sonst, aber nur, weil die meisten natürlich daran dachten, was sie am Abend zuvor gewonnen hatten und am Abend beim Spielchen mit Felicitas gewinnen wollten. Ich hab es geschafft, beim Frühstück an ihrem Tisch zu sitzen. Was für eine Frau! Welche Ausstrahlung! Und sie hat mir etwas verraten.

»Heute Nachmittag stelle ich Sie und Ihre Kollegen mal auf die Probe, da gibt es was zu raten und Sie könnten derjenige sein, der etwas weiß. Merken Sie sich den Namen Friedrich Schiller. Alles klar?«

Ich kannte einen Karl Schiller, der war mal Finanzminister. Den wird sie nicht gemeint haben.

»Hier sind wir an der Hohlen Gasse. Weiß jemand, was dieser Ort bedeutet? Meine Dame, meine Herren? Irgendeine Ahnung. A bell that rings?«

Wir waren mit dem Bus nach Küssnacht gefahren und standen an einer schmalen, gepflasterten Gasse, die bergauf zu einer Kapelle führte. Was sollte an diesem verkehrstechnischen Engpass schon besonders sein.

»Durch diese Hohle Gasse muss er kommen. Aber das Zitat werden Sie doch kennen, oder etwa nicht?«

Einer der Kollegen sagte, er kenne einen hohlen Zahn, ein anderer meinte: Hohlkopf, da würde er viele kennen.

»Wilhelm Tell – den Namen schon mal gehört?«

Da nickten einige, ob aus Wissen oder Angeberei, war nicht zu entdecken. Felicitas sah mich eindringlich an und ich reagierte prompt: »Franz Schiller«.

»Bravo. Wenigstens einer. Er heißt zwar richtig: Friedrich Schiller. In dieser Hohlen Gasse hat Wilhelm Tell den Landvogt Gessler mit einem Pfeil aus seiner Armbrust erschossen. Tells Geschoss.«

Wir standen da, bedröppelt, um nicht zu sagen, blamiert. Bis einer von uns das Thema wechselte. »Können wir nicht heute Abend schon um neun Uhr mit dem Spielchen anfangen, dann haben wir mehr Zeit ...« Felicitas winkte ab:

»Ihr kommt schon noch rechtzeitig zum Spielen, heute Nachmittag ist erstmal Kultur dran. Alles klar?«

Und dann schleifte sie uns auf die Ruine von Gesslers Burg, ins kleine Heimatmuseum des Hohlgasslandes und an die Seepromenade.

»Mindesteinsatz heute Abend 20 Franken, nicht vergessen. Besorgt euch genügend Scheine, damit ich nicht dauernd wechseln muss.«

Pünktlich um 22 Uhr begann das Spielchen. Was für eine Aufregung herrschte in der »Feuerlilie« – alle fünf Minuten wechselte die ansehnliche Summe von 633,40 Franken vom Pott in die Tasche eines Mitspielers.

»Immer wenn Dalibor Komadina kommt, unser Kellner, unterbrechen wir das Spiel und reden übers Bankgeschäft. Ich will nicht, dass mir da Klagen kommen.«

Es wurden aber kaum Getränke bestellt, weil alle einen klaren Kopf behalten wollten.

Ihr Blick ging zur Tür.

»Die spannende Frage ist und bleibt, welche Art der Beratung wünschen Ihre Kunden, mehr Risiko und dafür große Unsicherheit … schön Dalibor, dass Sie uns wieder mit Getränken versorgen, das wird hier eine Nachtschicht werden.«

Kurz vor Mitternacht verließen sechs Mitspieler die Runde und nur zwei neue kamen hinzu. Also mussten die Kartenpakete um vier reduziert werden, was unter der Aufsicht des Kontrolleurs geschah. Fortan konnte keine Sieben mehr gewinnen.

Die letzten zwei Runden vor ein Uhr wurden mit einem Grundeinsatz von 50 Franken gespielt. Da ging die Stimmung hoch. Ein Sieger jubelte so laut, dass die anderen ihm den Mund zuhalten mussten. Zwei Mitspieler riefen fast parallel: Ich steige aus, aber pronto. Ich habe nichts gewonnen, aber ein paar liebevolle Blicke von Felicitas erhaschen können. Das war mir Trost genug. Man muss nur einmal den Pott gewinnen, dann hat man Geld für viele weitere Runden, schon klar. Einen gab es, der mehrfach am Abend den Pott gewonnen hat.

Donnerstag

Der letzte Seminartag. Thema: »Bankgeschäfte sind Luftgeschäfte – virtuell in die Zukunft.« Endlich ein Thema, bei dem alle ihre Ohren spitzten. Nicht zuletzt deswegen, weil die Gefahr besteht, dass demnächst viele Kunden ganz ohne uns Bankberater auskommen und ihre Anlagen online platzieren werden.

In der Mittagspause fragte Felicitas jeden Einzelnen, ob er am Abend mit von der Partie sei.

»Bei dem Einsatz von 50 Franken pro Runde kriegen manche kalte Füße. Da muss ich schon vorher wissen, wie viele mitspielen.«

Nur die Kollegin und ich fuhren nachmittags mit Felicitas nochmal nach Luzern, alle anderen liefen sich warm für den großen Abend. Im Kunstmuseum Rosengart haben mir besonders die rätselhaften Bilder von Paul Klee gefallen. Er ist Felicitas Lieblingsmaler. Ich nutzte die Gelegenheit, mit ihr zu flirten. Was sie sichtlich genossen hat. Das war bis dahin der absolute Höhepunkt der Seminarwoche. Ein paar Tage länger und ich hätte bestimmt ...

»Das Spielchen beginnt heute Abend wie immer um 22 Uhr und wird pünktlich um Mitternacht beendet. Da gibt es keine Zugabe mehr, soweit klar?«

Ich habe mich nach der ersten Runde verabschiedet und nur noch zugeguckt. Nicht meine Preisliga. Es war nur eine Frage der Zeit, bis jemand vorschlug, den Grundeinsatz noch mal zu erhöhen – diesmal waren die blauen Frankenscheine dran. Die mit der Zahl 100.

26 Mitspieler zählten die letzten Runden. Immer wieder musste die Anzahl der Karten verringert und dem zweiten Stapel angepasst werden. Aber wir hatten ja einen zuverlässigen Kontrolleur.

Fünf vor zwölf. Das allerletzte Spiel.

»Meine Herren, ich sage jetzt schon mal Danke, dass Sie so toll mitgemacht haben. Einige von Ihnen werden durchaus reicher nach Hause fahren als Sie gekommen sind, more risk more money. Andere werden ein paar spannende Stunden erlebt haben. Nun geht es in die letzte Runde.«

»Spielen wir um tausend Franken pro Einsatz!«, rief einer in die Runde, »damit es mal richtig knackt, wenn es schon das letzte Spiel ist.« Felicitas sagte nichts. Wir hatten gar nicht bemerkt, dass Dalibor mit weiteren Getränken in die »Feuerlilie« gekommen war. Er stand am Rand des Raumes.

»Tausend Franken, wer ist dabei?«

Man konnte eine Straußenfeder zu Boden gleiten hören. Erst gingen fünf Hände nach oben, dann zehn, am Schluss waren es immerhin 16 Mitzocker. Also die Hälfte von 32. Ich hatte nur noch Augen für Felicitas, die immer wieder zu mir herüberschaute. Sollten die Anderen Geld gewinnen, oder die meisten eher Geld verlieren, ich wollte ihre Zuneigung. Und es hätte ja auch beinahe geklappt.

»Faites votre jeux, messieurs!«

Die Holzschale wurde herumgereicht und satt mit den Scheinen gefüllt. Ich rechnete im Kopf, was das eine Prozent Felicitas brachte: immerhin 160 Franken. Kein schlechter Verdienst für fünf Minuten Hochspannung.

»Und nun ziehen wir die Siegerkarte!«

Felicitas hält dem Kontrolleur einen Kartenstapel hin. Als er gerade eine Karte herausziehen will, ruft Dalibor: »Es gewinnt das Pik As, wollen wir wetten?« Und tatsächlich hält der Kontrolleur ein Pik As hoch. Der Kellner macht zwei schnelle Schritte auf Felicitas zu, schlägt ihr die Karten aus der Hand.

»Was soll das? Was fällt Ihnen ein …«

Weiter kommt sie nicht, denn es setzt ein ungeheuerlicher Tumult ein. Alle springen von ihren Sitzen, stürmen auf Felicitas zu. Schreien so laut sie können. Trommeln mit Fäusten auf sie ein. Ich werfe mich dazwischen, kann aber nicht verhindern, dass der Engel von Eimsbüttel von Faustschlägen getroffen wird. Zu Boden gestreckt. Neben ihr lagen lauter Pik Asse, ein ganzer Kartenstapel voller Pik Asse. Erst dann stellen wir fest, dass die Holzschale verschwunden ist. Felicitas muss mit einem Komplizen zusammengearbeitet haben. Das Geld ist futsch.

Die Gin-Wette

Krimi in zwei Stimmen aus dem Ratskeller

Ich hatte es kommen sehen.

Was?

Das Ende.

Welches?

Das Ende des Abends.

Und warum hast du nicht eingegriffen?

Meinst du, ich wollte mir einen Stich mit dem Fleischermesser einfangen.

Feigling.

Und du? Was hast du gemacht?

Ich hatte Schiss. Aber ich geb es wenigstens zu.

Hilft jetzt auch nix mehr, oder?

Ne, jetzt isses zu spät.

Aber mein Puls geht immer noch eins zu tausend.

Hätte ja auch ganz anders kommen können.

Klar, aber ich wusste, wie es ausgeht.

Hinterher ist immer gut stinken. Du hast nichts geahnt davon. Nicht von diesem Ende.

Der Angeber hat gesagt, er könne jeden Gin der Welt rausschmecken. Der war schon ein echter Arsch.

Herbert?!

Ja.

Hier sind Leute, die könnten uns zuhören.

Ich werde doch ein Arschloch, ein Arschloch …

Lass nach, Herbert.

Der Dicke schlug ihm eine Wette vor. Im Ratskeller gibt es zwei Gin-Sorten. Bombay und Gordons. Du kannst doch bestimmt schmecken, welcher Gin in welchem Glas drin ist, hat er ihn herausgefordert. Und als der Angeber aufs Klo ist …

Du meinst, der Dicke hat ihn absichtlich provoziert.

So sieht es aus.

Der Angeber hat probiert und dann ganz überheblich gesagt, in dem linken Glas ist Bombay Sapphire und in dem rechten Glas Gordons Dry Gin. Er hat extra zweimal genippt. Kein Zweifel möglich. Höre ich ihn noch sagen.

Der Kellner hat ihn freundlich korrigiert, ne, mein Herr, in beiden Gläsern befindet sich Gordons.

Dumm gelaufen die kleine Wette.

Wurde der Angeber natürlich sauer.

Du wärst auch sauer gewesen, wenn dich jemand übers Ohr haut. Der Dicke hat in die Luft geschaut und so getan, als hätte er damit überhaupt nix am Hut.

Das hat den Angeber natürlich noch mehr gereizt.

Und es sollte so ein schöner Abend für uns beide werden. Wie jeden ersten Freitag im Monat, wenn wir in unserem Priölken sitzen und uns einen Elbling gönnen …

Na ja, ein Elbling, ich weiß nicht, du trinkst ja mindestens zwei …

Und du vier. Aber an dem Abend hatten wir vergessen, uns ein Weinfass zu reservieren. Alle Priölken besetzt. Pech gehabt. Deswegen kamen wir ja an den Tisch, wo schon der Dicke und der Angeber saßen. Wir haben ganz brav gefragt, ob sie was dagegen hätten …

Recht war ihnen das nicht. Der Dicke hat vielleicht mürrisch geschaut, klar, der hatte ja was vor …

Dem anderen kann es egal sein. Der ist tot.

Abgestürzt, würde ich sagen.

Vom Gin gefällt.

Im Gin liegt kein Sinn, sagt der Dichter.

Obwohl ich ab und zu …

Mehr als einen verträgst du doch gar nicht.

Wir hatten immer die Regel zwei zu eins. Von einer dreiviertel Liter Flasche Elbling trinke ich ein Viertele und du den Rest.

Ich wieg ja auch …

Na was? Das Doppelte?

Warum machst du mich so an, verdammt? Ich trinke halt gerne schon mal einen mehr. Punkt.

Das hätte dem Angeber das Leben gerettet. Wenn es nur einer mehr gewesen wäre.

Woher der plötzlich das Messer hatte?

Vielleicht war er ein Schlachtermeister.

Die haben auch nicht immer ein Messer dabei.

Der schon.

Als der Dicke nach der Blamage mit der Gin-Wette sagte, was wollen wir wetten, dass ich dich unter den Tisch trinke, wurde es spannend.

Ich fand es anfangs blöd von dem Angeber, der hätte sagen können, sauf doch alleine, ohne mich, er hätte zahlen und dann abhauen sollen. Aber irgendwie hat ihn die Blamage nicht in Ruhe gelassen.

Na ja, versucht hat er's schon, als er sagte, er sei ein Gin-Genießer und kein Gin-Schluckspecht.

Ich hab ihm angesehen, dass er darauf aus war, dem Dicken das heimzuzahlen.

Die beiden kannten sich schon vorher.

Als die Polizei dann kam und keinerlei Verletzung an dem

Toten feststellte, sagte der Kellner nur: Die beiden haben jeder acht Gin-Tonics getrunken.

Wenn das nicht untertrieben war.

Aber warum war der Dicke plötzlich nüchtern, als ihn die Polizei vernommen hat.

Schockwirkung. Wenn sowas passiert, schüttet das Hirn Adrenalin kiloweise aus und zack ist man …

Du Weisenheimer, du weißt natürlich wieder alles. Der Polizei hast du nix gesagt.

Ich hab gesagt, was ich gesehen habe. Da sitzen zwei Männer an unserem Tisch und trinken um die Wette. Und irgendwann ist der eine zu Boden gegangen … Herzversagen, Hirnschlag, was weiß ich, bin ja kein Mediziner …

Ich dachte, du wolltest mir erklären, warum der Dicke …

Ach so. Klar. Du kommst wohl nicht drauf, was?

Spuck es schon aus.

Ich lass dich noch ein bisschen zappeln. Ist grad so schön.

Und das Messer?

Das hab ich. (Zieht das Messer aus der Innentasche des Anzugs)

Bist du verrückt, Herbert?

Wann kommt man schon mal an so ein tolles Messer?

Aber das ist …

Die Tatwaffe meinst du?

Ja, zum Beispiel. Immerhin hat er im Suff den Dicken damit bedroht. Das müssen doch auch andere gesehen haben.

Bevor der Angeber das Messer einsetzen konnte, hat ihn Gevatter Tod zu Boden gestreckt. Das Messer lag direkt vor meinen Füßen, da dachte ich …

Eines Tages kommst du noch in den Knast wegen deiner flinken Finger.

Du hast den Kriminalisten doch auch nix gesagt von dem Messer, das der Angeber plötzlich in der Hand hatte.

Warum sollte ich? Hätte doch auch niemandem geholfen. Wie dieser Angeber rumgetönt hat. Wo er schon überall Gin getrunken habe, im Raffles in Singapur, im Sheraton in Los Angeles, im Grand Hyatt in Cancun und so weiter. Und was er alles für Gin-Sorten kennt, von den meisten hatte ich noch nie gehört, und mit welchen Größen er schon Gin getrunken hat. Fehlte nur die Queen Mom. Vielleicht saufen die beiden ja jetzt im Himmel. Und auch mit Hemingway und Feldmarshall Montgomery will er getrunken haben.

Und was hat es ihm genützt? Nix.

Ich verstehe immer noch nicht, warum der Angeber sich auf dieses Wettsaufen eingelassen hat.

Das kann ich dir sagen.

Ich würde darum bitten, Herbert. Sonst gehe ich unwissend ins Bett und kann die ganze Nacht nicht schlafen.

Der Dicke und der Angeber waren mal Geschäftspartner. Besaßen eine florierende Firma in der Computerbranche. Sie expandierten, machten Schulden. Eines Tages, als die große Krise kam, hatte der Angeber es so eingerichtet, dass der Dicke mit den Schulden alleine da saß. Der Angeber hatte sich heimlich aus dem Handelsregister streichen lassen. Der hatte die Krise im Voraus geahnt …

Und woher weißt du das?

Mir kam sein Gesicht gleich bekannt vor, aber ich konnte mich nicht so schnell erinnern. Als dem Dicken, der heißt übrigens Campenhäuser, der Prozess wegen Konkursverschleppung gemacht wurde, hab ich für den Weser Kurier darüber berichtet … In der Verhandlung tauchte auch der Angeber auf, dessen Namen hab ich nicht mehr parat, im Zeugenstand, und hat doch tatsächlich gegen seinen früheren Partner ausgesagt …

Warum setzt sich dann der Dicke mit ihm an einen Tisch?

Na was wohl, Sigrun? Kannste dir das nicht denken?

Der wollte ihm eins auswischen.

Ist ja auch gelungen.

Du meinst …

Ich meine gar nichts. Du musst nur Gin und Gin zusammenzählen und dann …

Der wusste von seiner Leidenschaft für Gin und fürs Wetten.

Na klar, schließlich waren sie mal Partner. Der Dicke wusste auch, dass der Angeber nicht verlieren kann und dass er Herzprobleme hat … Hast doch gesehen, wie er sich mehrfach ans Herz gegriffen hat.

Du meinst, das kleine Wettspiel, in welchem Glas ist welcher Gin, war nur die Ouvertüre für das angepeilte Wett-Saufen?

Davon kannst du ausgehen.

Und dann … aber wie kommt es, dass der Dicke nach acht Runden Gin Tonic …

(Lacht) Die Frage lässt dir keine Ruhe, Sigrun? Wie?

Hat er mit dem Kellner …

Heiß, ganz heiß, du bist auf der richtigen Spur …

In seinem Glas war überhaupt kein Gin, sondern Wasser. Während der Angeber immer Gin im Glas hatte und gar nicht erkennen konnte …

Und der Kellner hat mitgespielt.

Der Dicke hat ihm bestimmt ein Super-Trinkgeld versprochen.

Vielleicht war er deswegen so schweigsam, als die Polizei

gefragt hat, wie es zu diesem Alkohol-Unfall kommen konnte.

Hat dir der Dicke eigentlich auch ...

Wo denkst du hin? Wir waren nur Beobachter, saßen zufällig am gleichen Tisch, nicht unsere Sache sich einzumischen. Wenn Leute sich besaufen wollen und dann auch noch darum wetten ...

Auf jeden Fall musste der Sieger die ganze Zecherei bezahlen.

Der Verlierer konnte es ja nicht mehr.

Intermezzo 2 (1969)

Abendprogramm für Axel Jensen

Ein Beitrag zur deutschen Feierabendliteratur

Kurz nach vier verlässt du den Betrieb. Etwa zehn Minuten brauchst du bis zur Straßenbahnstation. Die Straßenbahn bringt dich aus dem Fabrikzentrum in das Wohnzentrum. Nach weiteren zwanzig Minuten verlässt du die Straßenbahn. Du gehst nicht sofort nach Hause. Dein Weg führt durch die Einkaufshalle. Du kaufst zwei Dosen Erbsen, einen Beutel Frühkartoffeln, ein großes Schnitzel, ein Glas Apfelmus. Du vergisst nicht, einen Fertignachtisch mitzunehmen. Nach einem Fußweg von zehn Minuten erreichst du das Wohnsilo Nummer zwölf. Du nimmst nicht den Aufzug. Du gehst zu Fuß in den achten Stock. Wie es dir die ärztliche Beratung empfohlen hat. Du schließt die Wohnungstür der Wohnung p auf. Du ziehst deine Schuhe aus. Stellst die Schuhe in den Schrank und holst die Pantoffeln hervor. Den Mantel und den Anzug hängst du auf einen Bügel und nimmst den Bademantel vom Bügel. Du ziehst den weichen Bademantel an. Du trägst das Einkaufsnetz in die Küche. Du wäschst dir die Hände und beginnst, das Essen vorzubereiten. Du setzt die Kartoffeln auf und das Gemüse. Im Dampfdruckkochtopf dauert das Kochen nur zehn Minuten. Das Schnitzel in der Fix-Bratpfanne ist schon nach acht Minuten fertig. Das weißt du. Du nimmst das Tablett vom Schrank und stellst den Teller mit dem Essen und eine Glasschüssel mit Apfelmus darauf und trägst das Tablett ins Esszimmer. Du isst. Iss langsam. Du hast Zeit. Ein Stück Fleisch lässt du als letzten Bissen übrig. Du sagst, dass das Schnitzel heute wieder sehr saftig war. Nach dem Essen trägst du das Tablett wieder in die Küche. Du stellst den Teller und die Glasschüssel in die Spülmaschine. Du weißt, dass man Besteck besser mit der Hand spült. Du spülst Messer und Gabel mit der Hand. Du weißt, dass man das Besteck gleich nach dem Spülen abtrocknen soll. Du trocknest Messer und Gabel mit dem Trockentuch ab. Du stellst das Tablett wieder auf den Schrank und drückst auf den Startknopf der Spülmaschine. Du hast jetzt die Wahl: Spazierengehen oder ins Wohnzimmer setzen und entspannen. Du entscheidest dich für das Wohnzimmer, weil du gestern spazieren warst, weil es ein anstrengender Tag war, weil du morgen einen anstrengenden Tag vor dir hast. Vielleicht gehst du übermorgen wieder spazieren. Oder am Wochenende. Du musst zum Ausgleich immer mal wieder Spazierengehen. Mindestens sechs Stunden in der Woche hat dir die ärztliche Beratung geraten. Du setzt dich ins Wohnzimmer. In den Ledersessel. Du legst dich in den Ledersessel. Du stülpst den Astronautenhelm auf den Kopf. Du hast ihn Astronautenhelm getauft. Du nimmst die Fernbedienung in die Hand. Du wirfst einen Blick auf den verbrauchten Fernseher und das verbrauchte Radio. Du lächelst. Du drückst den Startknopf der Fernbedienung. Du entspannst dich. Du spürst, wie du ganz ruhig wirst. Du spürst, wie deine Arme schwer werden. Du spürst, wie deine Beine schwer werden. Du fühlst dein Herz langsam und ruhig klopfen. Du schließt deine Augen und denkst nur, dass du ganz ruhig bist. Du denkst jetzt nur, dass deine Arme und Beine ganz warm sind. Ruhe, Schwere, Wärme.

Du denkst jetzt nur, dein Herz schlägt ganz ruhig. Du denkst jetzt nur, es atmet mich ganz ruhig. Sonnengeflecht strömend warm. Deine Stirn ist angenehm kühl. Deine Stirn ist angenehm kühl. Du lässt alles ruhen. Alles ist bleischwer.

Dein Gesicht ist ganz entspannt. Du lässt die Gedanken weiterziehen. Du bist ganz ruhig. Du hältst deine Augen geschlossen. Du probierst die verschiedenen Programme durch. Du möchtest wissen, was du heute erleben kannst. Du drehst am Wähler. Das Konzert hat noch nicht angefangen. Du sitzt in der 4. Reihe. Du siehst, dass das Konzert erst in einer Stunde anfangen wird und nur klassische Musik. Du drehst am Wähler. Du stehst in einem verrauchten Beatlokal. Das willst du nicht sehen. Das ist das Programm für die Jungen. Du drehst am Wähler. Die Autos brennen noch. Die Unfallstelle sieht schlimm aus. Du sitzt im Studio beim Nachrichtensprecher. Du weißt, es kommen Nachrichten. Möchtest du nicht sehen. Du drehst am Wähler. Kulturfilm, nein. Du drehst am Wähler. Ein Western-Saloon. Das hast du gesucht. Du sitzt am pokerharten Eichentisch und trinkst Whisky. Deine Karten sind nicht schlecht. Die Schwingtür klappt auf. Du siehst zur Tür. Der Pianospieler hört auf zu spielen. Django kommt herein. Du siehst den Sarg, den er hinter sich herzieht. Du bekommst Angst. Du weißt, dass es Django ist. Jemand drückt dem Pianospieler die Pistole in den Rücken. Du hörst, wie das Westernpiano spielt. Jemand schießt auf Django. Du gehst in Deckung. Es gibt eine Schlägerei. Du beteiligst dich. Ein Tisch fliegt durch die Luft. Django verlässt ungehindert das Lokal. Du folgst ihm. Du reitest hinter Django her. Du reitest nach Tombstone. Den Sarg hast du zurückgelassen. In Tombstone wartet der Sheriff auf dich. Du sollst dem Sheriff helfen, den Killer Jerry Mcloud zu fangen. Jerry Mcloud ist ein böser Mensch, er hat schon zwei Familienmitglieder des Farmers Patty O'Brian erschossen und will auch Patty O'Brian erschießen. Jerry Mcloud will die Farm besitzen. Es ist die größte Farm im Land. Der Sheriff hat dich holen lassen. Du triffst in Tombstone ein. Die einen haben Angst vor dir. Die anderen freuen sich, dass du kommst. Der Sheriff hat schon auf dich gewartet. Du hörst, dass Jerry Mcloud eine Bande um sich gesammelt hat. Schon am nächsten Tag soll O'Brians Farm überfallen werden. Der Sheriff macht mit dir einen Plan. Ihr sammelt ebenfalls Leute. Ein Teil der Leute wird sich im Farmhaus verschanzen. Der Sheriff übernimmt eine Gruppe, die das Farmhaus bewacht. Du bleibst im Hintergrund und versuchst, Jerry Mcloud zu erwischen. Der Sheriff bewirtet dich gut. Du trittst in dein Hotelzimmer. Ein schönes Bett. Ein Mädchen liegt in deinem Bett. Du freust dich auf die Nacht. Am nächsten Morgen wirst du durch eine Schießerei geweckt. Mitten in der Straße. Das sind Jerry Mclouds Leute. Du ziehst dich schnell an, gibst dem Mädchen noch einen Kuss, prüfst deine Waffen. Du siehst Jerry nicht. Du merkst, dass das Ganze ein Ablenkungsmanöver ist. Du reitest zu O'Brians Farm. Nur wenige Männer sind schon dort. Du machst einen neuen Plan. Ein Mann bleibt im Haus. Der bekommt das Maschinengewehr. Die anderen verstecken sich in der Scheune. Du reitest hinter den Hügel. Jerry Mcloud kommt mit seinen Leuten herangesprengt. Sie drohen, sie wollen Feuer legen an das Farmhaus. Das Maschinengewehr rattert zu früh los. Jerry hat gemerkt, was los ist. Du beobachtest ruhig, aber gespannt. Jerry verteilt seine Männer um das Haus. Und gibt dann Zeichen zum Angriff. Dir fällt ein, dass ein Maschinengewehr immer nur in eine Richtung schießen kann. Das war ein Fehler. Die Männer in der Scheune ergeben sich. Jerry Mclouds Leute besetzen das Haus. Du musst Verstärkung holen. Oder aber einen Alleingang machen. Du verkleidest dich als Hausdiener. Du gehst in das Haus. Jerrys Leute wollen dich fesseln wie die anderen. Aber du versprichst, für alle Essen zu machen. Die Männer untersuchen dich auf Waffen. Du hast keine dabei. Du gehst in die Küche. Du wirst ihnen ein paar Hähnchen machen, an die sie noch lange denken werden. Gift oder Dynamit, das ist die Frage. Am sichersten ist beides. Du trägst die dampfenden Hähnchen auf. Jerry sticht mit seinem Messer hinein. Du wirst gefesselt. Sie haben das Dynamit entdeckt. Aber du wirst nicht sofort erledigt. Jerry sagt, dass jetzt wohl keine Gefahr mehr besteht. Denn er hat dich erkannt. Wir haben Django hier, sagt Jerry, und der Sheriff wird keinen Angriff wagen, wenn Django mit im Haus ist. Außerdem haben wir das Maschinengewehr. Jerry und seine Leute essen. Nur Fredwinn sitzt am Maschinengewehr. Du beobachtest Fredwinn lange. Du siehst, wie Jerry und die anderen zusammenbrechen. Fredwinn hat noch nichts gemerkt. Einer von Jerrys Leuten ist in deine Nähe gefallen. Du robbst zu ihm hin und nimmst die Pistole. Fredwinn dreht sich um. Du schießt. Du triffst ihn. Der Sheriff kommt herein und befreit dich. Du musst dich von Sylvie, dem Mädchen, mit dem du die Nacht verbracht hast, trennen und reitest von Tombstone weg. Du siehst, wie Django aus Tombstone wegreitet. Du siehst ihm nach. Langsam verschwindet er hinter dem Hügel.

Du bist müde. Nimmst den Astronautenhelm vom Kopf und legst die Fernbedienung zur Seite. Du gehst zum Eisschrank. Du machst dir einen Whisky. Du trinkst ihn langsam. Du ziehst dich aus. Du gehst ins Bett.

Scharade bei Natusch

Ein Krimi in zwei Stimmen aus Bremerhaven

Ich gebe zu, die Idee stammt nicht von mir, aber sie ist genial. Schlicht genial. Ich hab sie noch ein bisschen verfeinert. Wie man bei einem guten Rezept noch eine Kleinigkeit hinzufügt. Ein Spritzer Angostura, eine Prise Vanille, etwas Sternanis. Sie merken schon, ich verstehe was vom Essen. Schließlich hab ich früher in den feinsten Häusern gespeist und weiß, wann ein Essen ein Genuss oder bloße Sättigung ist. Meine Geschäftspartner haben mich oft dafür gelobt. Viele Abschlüsse sind schneller zustande gekommen, weil ja alle zum Essen wollten. Ist halt so in meiner Spielklasse. Oder besser: es war so. Viele, viele Jahre.

Dass es immer mich treffen muss. Es ist zum Kotzen. Sieben Bankeinbrüche in einem halben Jahr. Und immer die gleiche Masche. Kaum Zeugen, die etwas sagen können. Nur ein paar spärliche Hinweise. Ein Mann mit Pistole, irgend so eine Comic-Maske aufgesetzt – Mickey Mouse, Miss Piggy – ein dunkler Overall und Elbsegler auf dem Kopf. Ein Zeuge will gesehen haben, dass der Bankräuber mit einem Motorrad davon brauste. Die Nummer hatte er nur halb behalten. Immer alles in meinem Revier. Wir haben schon Wetten abgeschlossen, in welcher Verkleidung er das nächste Mal auftaucht: Froschkönig oder Schneewittchen.

Essen gehen ist eine Marotte von mir geworden. Ich bin da durchaus wählerisch. Möchte schon genau wissen, welche Produkte verwandt werden, ob die Zubereitung besonders schonend ist. Sie können jedes Gemüse oder Fleisch in Grund und Boden kochen. Und das passiert millionenfach, täglich. Sehen Sie sich mal in den Supermärkten um, Fast-Food regalweise. Sowas esse ich nicht. Essen gehen muss man sich leisten können. Ich konnte es plötzlich nicht mehr. Also musste eine Idee her. Von Hartz 4 können Sie nicht vornehm speisen. Das reicht nicht mal, eine anständige Flasche Wein zu kaufen.

Als ich Verstärkung anforderte, um diesem Bankräuber das Handwerk zu legen, hab ich nur Spott geerntet. Sollen wir jetzt alle Filialen in Bremerhaven und Umgebung unter Polizeischutz stellen? Sollen wir überall Video-Überwachung installieren? Nicht gerade legal! Die vier Leute, die ich in meinem Dezernat habe, sind nicht gerade die größten Leuchten. Nix gegen die Kollegen. Wir sind einfach unterbesetzt. Bei der Menge von Hauseinbrüchen, Fahrraddiebstählen, Auto-Klau täglich. Und wenn man so gar keine Hinweise bekommt, wie im Fall des Bankräubers, dann kann man schon mal in eine Krise geraten.

Ich hatte mir das Rentnerleben so schön vorgestellt. Immer genügend Geld auf der Naht, niemals knausern müssen, alles gleich bezahlen und auf gar keinen Fall Schulden auftürmen. Und dann kam ein Schlag nach dem anderen: Entlassung wegen betrieblicher Einsparungen, ich war der älteste Mitarbeiter und dennoch haben sie mich geschasst. Zu enge Bindung an die Geschäftspartner und zu hohe Spesenrechnungen. Die Bankenkrise: mein gut angelegtes Geld war innerhalb von drei, vier Wochen nicht mal mehr das Papier wert, auf dem die Fonds und Obligationen gedruckt wurden. Nach der gesetzlichen Frist musste ich von Hartz 4 existieren. Bis ich auf die Idee mit den Bankeinbrüchen kam. Ich hole mir übrigens nur das Geld wieder, was ich dank der falschen Beratung durch die

Bankmenschen verloren habe. In kleinen Tranchen.

Die beklauten Banken spielen nur bedingt mit, weil die Summen, die dieser Bankräuber haben will, so lächerlich sind. Mal will er zweitausend, mal dreitausend Euro, niemals mehr. Deswegen ist die Belohnung für die Ergreifung des Täters auch so gering. Aber was das Schlimmste ist, der Bankräuber hat auch noch die Lacher auf seiner Seite. Denn die Medienfritzen lassen sich unverhohlen über die Unfähigkeit der Polizei aus und loben die Gewitztheit des Räubers. Will sich da jemand aufregen? Wegen ein paar tausend Euro … pro Raub.

Die Sache mit der Maske, die hab ich mal in einem Hollywood-Streifen gesehen, gefiel mir ganz gut. Der Overall und die Mütze, die sollen ein bisschen ablenken. Dann wissen die Kassierer schon, wer da kommt und mit der Pistole auf sie zielt. Ich brauche gar nichts mehr zu sagen. Beim letzten Mal fragte mich eine Kassiererin: »Zweitausend sind genug?« Ich hab nur genickt. Die Plastiktüte in meinen Overall gesteckt. Und weg war ich. Dauert nicht mal zwei Minuten. Das Motorrad, das vor der Tür steht, bringt mich zu meinem Auto und dort, Simsalabim, wird aus dem Mann im Monteuranzug ein Gentleman im Zweireiher. Auf dem Weg zu einem Spitzenrestaurant, um dort königlich zu speisen. Diesmal sollte es Natusch im Fischereihafen sein. Ein Traditionshaus. Wollte ich immer schon mal hin. Ich saß keine Viertelstunde an dem fein gedeckten Tisch unter den großen Koggen, die bedrohlich an der Decke hängen: Ein Blick zur Tür und ich wusste, jetzt bist du dran.

Manchmal muss man zwei und zwei zusammen zählen. Welche der Filialen hat der Bankräuber noch nicht überfallen. Mit jedem Fischzug verringerte sich die Zahl der möglichen Ziele. Es waren die Filialen von drei Banken, die in Frage kamen. Und es gab auch einen zeitlichen Hinweis. Meist nach

Ablauf von drei, vier Wochen ging er wieder auf Tour. Und immer kurz vor der Schließung am Donnerstag um 18 Uhr. Mir kam Kommissar Zufall zur Hilfe. Ich bin seiner schweren BMW gefolgt. Habe gesehen, wie er die Kermit-Maske vom Kopf nahm. Im Auto zog er sich um. Sein Ziel: Natusch, das beste Fischrestaurant weit und weit.

Ja, bitte?

Darf ich mich zu Ihnen setzen?

Ja, nein … sind doch noch jede Menge Plätze frei.

Aber ich sitze immer gerne hier.

Soll ich mich woanders hinsetzen?

Nein, bleiben Sie ruhig. Ich will Sie nicht verdrängen. Haben Sie schon bestellt?

Warum fragen Sie?

Ich brauche eine zweite Meinung.

Ach? Und worüber?

Na, über das Essen natürlich.

Wieso?

Entschuldigung, ich hätte mich gleich vorstellen sollen: Ich bin Theresa Liebeneit, die Restaurantkritikerin.

Ach, ja?

Und mir ist heute mein Essenspartner ausgefallen. Bei der Restaurantkritik kommt es darauf an, dass immer noch ein zweiter, meist männlicher … Sie verstehen.

Und der soll jetzt ich sein?

Wenn es ihnen nichts ausmacht. – Was haben Sie bestellt?

Vorneweg: Sechs Dublaix Felsenaustern mit Rotweinschalotten, – und als Hauptgericht: Leicht gegrilltes Steak vom »Yellowfin« Thunfisch an roter Currysauce, Pak-Choi-Wokgemüse und Mango-Papaya-Chutney, dazu Venere Reis.

Gute Wahl, klingt interessant. Ich werde etwas anderes bestellen, dann können wir gegenseitig probieren. Wenn Sie damit einverstanden sind …

Wenn Sie meinen. Beim Wein bin ich mir noch etwas unschlüssig.

Das überlasse ich ganz Ihnen!

Ich hatte mich für einen Geheimrat »J« Riesling Spätlese trocken aus dem Rheingau entschieden, Jahrgang 2010.

Ein sehr guter Jahrgang, finden Sie nicht? – Kommen Sie eigentlich aus Bremerhaven?

Nein, nein.

Aber Sie sind schon ab und an hier? Oder irre ich mich da?

Ab und an schon.

Heißt was? Alle drei, vier Wochen?

Könnte hinkommen.

Ah, Herr Ober, ich habe mich schon entschieden. Ich nehme ein Mineralwasser, sehr kalt. Als Vorspeise die Sushi-Variation und als Hauptgericht: gebratene Maischolle, neue Kartoffeln und Salate in Walnussdressing. Danke. – Sie haben noch gar nichts von sich erzählt. Ich schätze Sie waren im Bankwesen tätig, oder?

Ganz falsch. Ich war Kapitän. Die Streifen sieht man nicht mehr. Mittelmeer, Holzfrachter, dreißig Jahre lang. Deswegen zieht es mich immer wieder …

Nach Bremerhaven.

Nein, es zieht mich in maritime Restaurants wie dieses hier. Oder die Schifffahrtsgesellschaft in Lübeck, die Schifferbörse in Hamburg, die kennen Sie gewiss.

Ja, doch.

Als Restaurantkritikerin, meine ich, müssten Sie eigentlich …

Hab davon gehört, war aber noch nicht da.

Ich komme aber immer wieder gerne nach Bremerhaven. Unser schönes Museum, da werden die Erinnerung an die eigene Zeit auf See geweckt, das Auswandererhaus ... was schauen Sie eigentlich ständig auf die Tür?

Ich war hier verabredet.

Mit wem, wenn ich fragen darf?

Mit Kermit.

Mit wem?

Mit Kermit, dem Frosch.

Ist das der Partner, mit dem Sie normalerweise essen gehen?

Nein, nein, dem Frosch aus der Sesamstraße. Dem Frosch mit der Maske ...

Toller Film, Edgar Wallace, mit Joachim Fuchsberger und Eddi Arendt, toll. – Scheint aber nicht zu kommen, Ihr Kermit.

Dafür kommen unsere Vorspeisen. Sehen lecker aus. Guten Appetit.

Wünsch ich Ihnen auch. Für eine Restaurantkritikerin haben Sie aber einen ausgefallenen Geschmack: nur Sushis. Mögen das Ihre Leser?

Man muss auch mal ungewöhnliche Wege gehen. Tun Sie doch auch, oder?

Wie meinen Sie das?

Jetzt essen wir erstmal.

Ich hab ihr Bild in der Zeitung gesehen.

Das bleibt nicht aus bei dem Job.

Aber nicht auf der Seite »Gut essen und trinken«.

Da müssen Sie mich verwechselt haben.

So wie Sie mich verwechseln.

Na, das wüsste ich aber. Sie sind der erste Kapitän, mit dem ich rede. Und dann auch noch aus dem Mittelmeer. Von wo nach wo sind Sie denn gefahren?

Immer andere Routen.

Zum Beispiel.

Das würde jetzt zu weit führen. Aber Marseille war häufig der Heimathafen.

Und da haben Sie Holz hingebracht?

Ja, aus Afrika und so. – Die Austern sind übrigens ganz ausgezeichnet. Sie sollten eine probieren.

Aber nur, wenn Sie ein paar Sushis essen und mir dann sagen, was Sie davon halten.

Der Ober könnte eigentlich den Wein bringen, meinen Sie nicht. Ist doch noch wenig los … um diese Uhrzeit.

Haben Sie es eilig?

Wieso?

Sie scheinen mir ein bisschen angespannt zu sein.

Wer? Ich? Nein, ich meine nur der Wein sollte …

Gehen Sie immer so früh essen?

Ich esse gerne zeitig. Ist auch viel gesünder. Dann geht man nicht mit vollem Magen …

Immer donnerstags, kurz nach 18 Uhr.

Wie kommen Sie darauf?

Nur so eine Vermutung! – Und wie sind meine Sushis?

Köstlich, superb, wirklich ausgezeichnet.

Ihre Austern sind nicht ganz mein Fall, aber …

Sowas müssten Sie doch gewöhnt sein …

Wieso?

Als Restaurantkritikerin, meine ich.

Essen denn Kapitäne so gerne Austern?

Bei den Franzosen schon.

Aber in Bremerhaven auch?

Ich schon.

Haben Kapitäne so eine gute Rente?

Es reicht.

Für ein Restaurant wie dieses, meinen Sie?

Dafür auch.

Aber man muss schon einen Bündel Bargeld in der Tasche haben, oder?

Das hilft. Auf jeden Fall möchte ich Sie …

Lassen Sie nur, das geht auf …

Staatskosten?

Wie kommen Sie jetzt darauf?

Wenn ich mir Sie so ansehe, dann steckt auch etwas Beamtiges in Ihnen.

Da täuschen Sie sich, Herr Kapitän.

Ich frage mich die ganze Zeit, ob Sie nur im Nebenberuf Restaurantkritikerin sind.

Und was wäre ich dann im Hauptberuf?

Wollen wir nicht vor dem nächsten Gang …

Ja, was?

Ich nehme Ihnen das Versteckspiel nicht ab.

Ach? Nicht?

Sie sind mehr an mir interessiert als am Essen.

Soll das ein Kompliment sein? Flirten Sie mit mir?

Wo denken Sie hin, Frau …

Ich habe mir Kapitäne immer ganz anders vorgestellt, sehr viel romantischer, mehr so windgegerbt …

Lassen wir doch die Spielchen. Wir sind zwei erwachsene Menschen. Eine Frau und ein Mann. Wir haben uns ein bisschen maskiert, gut, damit kann auch mal Schluss sein. Vergessen Sie einfach, warum Sie sich zu mir gesetzt haben. Ah, da kommt ja der Wein, wunderbar. Stoßen Sie mit mir an. Und das nächste Mal lade ich Sie in ein Restaurant Ihrer Wahl ein. Muss ja nicht unbedingt in Fishtown sein …

Kalter Sand

Krimi in mehreren Stimmen aus Spiekeroog

Moin, Moin, meine Damen und Herren, willkommen in der *Spiekerooger Leidenschaft.* Mein Name ist Onno Poppinga. Wir sind heute zu einer ganz besonderen Woche zusammen gekommen – wir haben fünf internationale Krimiautoren eingeladen, die Ihnen aus ihren Werken vorlesen und am Ende der Woche sogar eine Geschichte präsentieren werden, die sie hier geschrieben haben und die auf Spiekeroog spielen wird. Wir sind alle sehr gespannt und Sie sollten es auch sein.

Ich darf Ihnen kurz die Autoren vorstellen. Ladies first – Eva Gauselmann. Sie werden sie alle kennen, weil sie die Krimis schreibt, in denen Hühner die Hauptrolle spielen. Ihr bestverkaufter Titel: »Zu Tode gegackert!«

Paloma Montini aus Südtirol – sie ist bekannt geworden durch die Fernsehserie »Tod in den Dolomiten – Fräulein Messner klärt auf«, zu der sie auch selbst die Drehbücher schreibt.

Und nun die Herren. Da ist zunächst Friedrich Hens, ein Autor, um den wir uns lange bemüht haben. Seine Kriminalromane sind weltweit geschätzt, in viele Sprachen übersetzt. Sein neuester Krimi trägt den Titel: »Wer mit dem Kanzler tanzt!«

Dann haben wir Professor Alfred Callenberg – seit Jahren auf den Bestsellerlisten – auch er schreibt fürs Fernsehen: »Tatort« – »Ein Fall für zwei« – »Großstadtrevier«, um nur die bekanntesten Serien zu nennen.

Und last, not least: Beat Kranz, ein Newcomer aus Bern, ein Mann, von dem nicht nur die Schweizer Großes erwarten dürfen, denn sein Erstling schaffte es gleich auf einen Spitzenplatz in der KrimiZEITbestenliste.

Und ich hatte so gehofft, dass er mich wiedererkennt. Im Literaturhotel in Iserlohn habe ich jeden Abend an seinen Lippen gehangen. Habe alle seine Romane noch mal gekauft und sie signieren lassen, obwohl ich manchen von ihnen schon dreimal mit Autogramm im Regal stehen habe. Im Regal Friedrich, wie es bei mir zuhause heißt.

Dort befinden sich nur Bücher von ihm. Alle Ausgaben, alle Übersetzungen, alle Anthologien. Zuhause duze ich ihn, im direkten Gegenüber würde ich mich das niemals trauen.

Nun sind wir auf Spiekeroog eine Woche zusammen und diesmal bleibe ich nicht das Mauerblümchen, diesmal werde ich ihn ansprechen. Schließlich kann ich manche Passagen seiner Kriminalromane auswendig.

Und was für Romane das sind! Meisterwerke, was sag ich, Weltmeisterwerke. Gekonnt, raffiniert, superb. Mir fehlen oft die Worte, wenn ich Werke von Friedrich Hens anpreisen will.

Eine ganze Woche in seiner Nähe, und am Ende bekommen wir bestimmt eine fantastische Krimigeschichte von ihm zu hören. Da bin ich mir ganz gewiss. Ich muss nur noch herausfinden, wie ich Friedrich ansprechen kann. Ich brauche einen tollen Anfangssatz. Aber ich hab ja noch vier Tage Zeit. Am Freitag, wenn die Autoren ihre hier geschriebenen Texte vorlesen, will ich in der ersten Reihe sitzen und er wird seine Geschichte lesen. Nur für mich. Seine Augen werden mich anstrahlen, wenn er am Ende der Lesung den Kopf hebt und wie immer ganz leise sagt: Vielen Dank für Ihre Aufmerksamkeit! Meist sagt er das ein wenig verlegen, obwohl dazu gar kein Anlass wäre. Er könnte jubeln wie ein Nobelpreisträger, beide Hände nach oben gereckt, um den verdienten Applaus zu genießen.

Beat Kranz war im Schaumbad versunken, als das Telefon klingelte. Er hatte etwas zuviel Badelotion in das Jacuzzi geschüttet, nun quoll der Schaum im Sprudelbad und war nicht mehr zu stoppen. Das Telefon ließ sich davon nicht beeindrucken. Als er endlich den Hörer abnahm, erlebte er, nackt und schaumig wie er war, eine Achterbahnfahrt. »Sie sind uns wärmstens als interessanter Newcomer empfohlen worden – außerdem lieben die deutschen Zuschauer Künstler, die mit einer leicht dialektalen Färbung im Fernsehen auftreten. Denken Sie nur an Chris Howland, Gus Backus oder Rudi Carrell.« Kranz kannte keinen der Namen, aber das schien wohl für die Einladung zur Talkshow »Riverboat« des MDR nicht erheblich zu sein. Einziger Pferdefuß: Die Sendung würde live am Freitagabend ausgestrahlt werden. Es dauerte, bis Beat Kranz den übergequollenen Schaum gebändigt und den Kachelboden mit allen verfügbaren Handtüchern trockengelegt hatte.

Nach dem opulenten Frühstück suchte Kranz Hoteldirektor Onno Poppinga auf und schilderte seine Zwickmühle. Er würde Spiekeroog vorzeitig verlassen müssen.

Der Hoteldirektor zeigte sich verständig – so eine Chance dürfe sich der junge Autor nicht entgehen lassen. Schließlich wisse ja jeder Medieninteressierte, dass nur diejenigen im Kulturbereich etwas gelten, die im Fernsehen präsent sind. »Und dabei habe ich so eine großartige Idee für eine Krimigeschichte«, sagte Beat Kranz. Er würde die Morgenfähre nehmen, um ja rechtzeitig ins Fernsehstudio zu gelangen.

Ach, du bist es!

Du musst hierher nach Spiekeroog kommen, Frieda. Sofort. Die Leidenschaft ist ein wunderschönes Hotel.

Ich hab was anderes vor.

Setz dich in den nächsten Zug nach Esens. Und nehm von dort ein Taxi zum Fährhafen Neuharlingersiel.

Wo ist der Haken?

Da ist kein Haken, Frieda. Diese Insel ist so zauberhaft, die sollten wir zusammen genießen.

Wäre das erste Mal, dass ich mitkommen soll. Oder?

Dann ist es eben das erste Mal.

Ich hab endlich mal wieder Zeit für meine Freundinnen.

Die Freundinnen heißen nicht zufällig Walter, Willi oder Wolfgang?

Du spinnst, Friedrich Hens. Mal wieder spinnst du.

Aber kommen würdest du schon?

Nicht diese Woche, Friedrich, tut mir leid.

Ich ruf wieder an.

Der Name des jungen Schweizer Krimiautors ist auf dem Plakat durchgestrichen worden. Er soll im Fernsehen auftreten, in einer Talkshow. Deswegen wird er vorzeitig abreisen. Na ja, ich hab noch nichts von ihm gelesen, vielleicht ist er ja wirklich ein Talent. Friedrich ist heute als Letzter am Autorentisch erschienen. Er sieht ein wenig blass aus. Als hätte er die ganze Nacht nicht geschlafen. Oder hat er etwa … Nicht auszudenken. Nein. Ich hätte was gehört. Schließlich hab ich mir das Zimmer unter seinem geben lassen. Was für ein Gefühl, ihn in der Nacht direkt über mir zu wissen.

Warum ist er nur so nervös? Ob er zu viel getrunken hat? Noch hat er kein Wort mit den Kollegen gesprochen.

»In Bielefeld ist meine Geschichte ganz einmalig angekommen, ich hab so was von abgeräumt!« Die anderen schauen verlegen auf ihre Teller, wenn Herr Professor Alfred Callenberg ausholt. Dabei sind seine Krimis billige Geschichten, zum Einschlafen allesamt. Ich hab noch nie einen Roman zu Ende gelesen. »Die Buchhändlerin hat alle Bücher von mir verkauft, wenn sie noch mehr Exemplare gehabt hätte …« Frau Gauselmann unterbricht ihn: »Können wir bitte in Ruhe frühstücken!« Der Angeber erwidert: »Ich wollte nur sagen, in Bielefeld gibt es ein sehr dankbares Publikum, sehr, sehr dankbar. Jedenfalls für mich.«

Ich habe mich am Nebentisch platziert, damit ich ja nichts verpasse.

Friedrich Hens lässt das Messer fallen. Was ist heute Morgen bloß los mit ihm? Ich würde ihm so gern helfen, in welcher Sache auch immer, aber … Unmöglich kann ich ihn jetzt ansprechen …

Jetzt steht er auf und verlässt eilig den Frühstücksraum.

Du wolltest es dir doch überlegen.

Wollte ich nicht, Friedrich. Nicht diese Woche, die gehört mir und niemandem sonst.

Ich will ganz offen sein …

Wäre das erste Mal!

Ich brauch dich hier.

Wieso? Gibt es keine junge Kollegin, die du beflirten kannst?

Die Gauselmann oder die Montini, wo denkst du hin?

Also, was gibt's?

Es geht mir nicht gut. – Ich bin heute zur Aussichtsdüne Frederikental gegangen, um mich von der Fernsicht ein wenig inspirieren zu lassen. Es geht mir nicht gut.

Dann geh zum Arzt, Friedrich.

So meine ich das nicht.

Wie meinst du es denn?

Ich hab Kopfschmerzen, Halsschmerzen, alles dreht sich und es gibt überall so ein Zerren in den Gelenken.

Sag ich doch. Geh zum Arzt, Friedrich. Du wirst dir was eingefangen haben.

Hab ich nicht, Frieda.

Klingt aber so.

Nein, das ist es nicht.

Was ist es dann, Friedrich?

Mir fällt nichts ein. Nur noch drei Tage – dann muss die Geschichte fertig sein. Ich hab noch keine Zeile.

Ach so.

Eva Gauselmann traute ihren Augen nicht. Eine Freundin aus Cloppenburg hatte ihr einen Zeitungsartikel gemailt. Die »Kreiszeitung« war kein wichtiges Blatt, aber dieser Artikel konnte zu einer Lawine werden. Überschrift: »Schreibt die Bestsellerautorin im Auftrag des Hühnerhofs?« So eine ausgemachte Frechheit, dachte Eva, sie las noch mal den halbfett gedruckten Vorspann des Artikels. Beinahe hätte sie vor Aufregung die Mail gelöscht.

»Unsere Zeitung hat von einer gut unterrichteten Quelle erfahren, dass Eva Gauselmann am Beginn ihrer Karriere Geld erhalten hat, um einen Krimi zu schreiben. Nicht sie war es, die auf die ausgefallene Idee kam, Hühner als Detektive zu verwenden, sondern der Chef der PR-Abteilung des größten

Hühnerhofs in Cloppenburg. Angesichts der Debatte um die unerträgliche Massentierhaltung, schließlich werden jeden Tag dort 400.000 Masthähnchen verarbeitet, sollte damit das Image des Hühnerhofs aufpoliert werden.«

Das ist eine bodenlose Unterstellung, dachte Eva Gauselmann, bevor sie ein Herzrasen erfasste. Sie konnte gerade noch zum Hörer greifen, »Hilfe! Hilfe!«, entfuhr es ihr. Dann schwanden ihr die Sinne.

Noch ein Name ist auf dem Plakat, das die Freitagslesung ankündigt, durchgestrichen worden. Diese Hühnerautorin soll per Rettungshubschrauber von der Insel aufs Festland in ein Krankenhaus geflogen worden sein, nichts Genaues weiß man nicht. Na ja, Hauptsache, mein Friedrich fällt nicht aus.

Alle verbliebenen Autoren sitzen beim abendlichen Sechs-Gang-Menü getrennt. Der Platzhirsch Callenberg präsidiert weiterhin am Autorentisch.

Frau Montini sitzt am Tisch rechts daneben, mit dem Rücken zu Callenberg.

Friedrich hat sich in die hinterste Ecke des Restaurants verkrochen. Ich bin ihm gefolgt. Jetzt ist die Gelegenheit günstig. Ich werde ihn ansprechen.

Hens starrt aufs Salatbüfett. Seine Augen gerötet. Ein leichtes Zucken um die Mundwinkel. Der Dreitagebart steht ihm gut, auch wenn die Stoppeln ein bisschen zu hell ausfallen.

Ich nicke ihm zu. Mit einem gewissen Lächeln.

Er scheint mich bemerkt zu haben.

Nein, doch nicht.

Wenn mir doch nur einfallen würde, wie ich ihn ansprechen kann. Irgendein origineller Satz, mit dem ich eine

Konversation beginnen könnte. Irgendetwas Unwiderstehliches. Vielleicht, dass ich gestern am Strand seinen satten Bariton bewundert habe. Mit welcher Inbrunst er »La mer« mitgesungen hat. Waren ja nicht viele Männer beim Dünensingen von Eckart Strate. Als ich meinen Friedrich in der Runde entdeckte, hab ich mich gleich hinter ihn gesetzt.

Die Gauselmann ist im Krankenhaus, Frieda! Stell dir das vor.

Jetzt soll ich anreisen. Das wolltest du doch damit sagen, oder?

Wieso?

Na, weil einer der Gründe, warum ich auf keinen Fall nach Spiekeroog kommen wollte, sie war. Ich hab die noch nie leiden können. Da lachen doch die Hühner, wenn sie Räuber und Gendarm spielen sollen.

Aber sie ist jetzt weg und du könntest ...

Hast du inzwischen einen Einfall gehabt, Friedrich?

Ja ... nicht ganz ... nein, eigentlich nicht.

Dann setz dich verdammt noch mal an den Laptop und fange endlich an. Wenn du übermorgen keine Story hast, dann wirst du das wahrscheinlich zu spüren bekommen.

Wie meinst du das, Frieda?

Wer lädt denn einen Autor ein, der im Laufe einer Woche nicht mal eine Krimikurzgeschichte zustande bringt?

Ich könnte doch die Story von Münstereifel nehmen und sie ein bisschen umschreiben ...

Untersteh dich. Wenn das jemand merkt, wird es noch peinlicher, Friedrich.

Wenn du hier wärst ... wir könnten zusammen mit der Museumspferdebahn über die Salzwiesen fahren.

Sonst noch was?!

Ich brauch dich, Frieda.
Nicht diese Woche.

Der Streit an der Bar der *Spiekerooger Leidenschaft* war nicht zu überhören. Hens' Stimme in schrillen Höhen: »Sie benutzen jedes Klischee, das die Trivialliteratur seit hundert Jahren ausgewalzt hat und meinen, Sie hätten ein Stück Gold geschürft. Dabei ist es nichts als billiges Blech.«

Paloma Montini schrie Hens an, er sitze auf einem alten Klepper und reite schlechter als Sancho Polla, oder wie der Kerl heiße, er habe keine Ahnung von den heutigen Zuschauern. »Millionen lieben meine alpinen Bergromanzen, schon seit der ersten Folge.«

»Billiger Luis-Trenker-Kitsch!«, zischte Hens. »Sie wissen genau, mit welchem Tand Sie hausieren gehen.«

Er sei doch nur neidisch auf ihren Erfolg. Sie schreibe schon an der vierten Staffel. »Die Einschaltquoten steigen höher und höher.«

»Weil das Niveau von Folge zu Folge sinkt, Signora Montini. Lesen Sie eigentlich kein Feuilleton? Da wird Ihre Dolomiten-Schmonzette jedes Mal verrissen.«

Dieser Hieb saß. Paloma Montini schüttete Hens ihren gerührten Martini ins Gesicht, erhob sich aus dem Sessel, ging zur Rezeption und sagte mit äußerster Gelassenheit: »Ich reise ab. Ich hab es nicht nötig, mich von einem Autor beschimpfen zu lassen, auch wenn er Friedrich Hens heißt.«

Er hat mich erwischt, wie ich an seiner Zimmertür gelauscht habe. Plötzlich hat er sie aufgerissen, so schnell konnte ich gar nicht weglaufen. Was ich da zu suchen hätte. Ob ich nicht abwarten könne, bis er seine Geschichte vorlesen würde. Ich hab ihn auf Iserlohn angesprochen, Literaturhotel, im Frühjahr. Nein, er könne sich nicht an mich erinnern.

Ist das nicht schrecklich mit der Frau Gauselmann, hab ich ihn gefragt und er darauf: Das kommt davon, wenn man sich mit Hühnern einlässt.

Dann hat er gesagt, ich solle mich schleunigst davon machen. Und da war ein kaltes Funkeln in seinen Augen, das mir doch sehr nachgeht. Ich hätte ihm umgehend meine Verehrung gestehen müssen. Weswegen frage ich dumme Pute auch nach der Gauselmann, anstatt direkt auf seine Meisterwerke zu sprechen zu kommen.

Am Nachmittag ist Friedrich gar nicht im alten Inselcafé erschienen, wo ihm sonst immer die Spiekerooger Sanddorn-Käsesahne-Torte serviert wird. Ob ihm etwas zugestoßen ist? Er wirkte schon so fahrig, als ich ihn am Drinkeldodenkarkhof, dem »Friedhof der Ertrunkenen«, beobachtet habe. Ist der passende Ort für einen Krimiautor. Denn da sind die 77 Toten eines gestrandeten Auswanderungsschiffes beerdigt. Er starrte lange auf das große, schwarze Holzkreuz mit der schweren Kette und dann fotografierte er die Gedenktafeln. Hab mich schnell verzogen, Autoren wollen bei der Recherche nicht gestört werden. Bin so gespannt auf seine Geschichte. Wird wie immer die Beste sein!

Ich muss jetzt Schluss machen.

Friedrich, hast du etwa immer noch nichts geschrieben?

Es ist wie eine weiße Wand. Ich laufe dagegen und stoße mir den Kopf und außer Schmerzen bleibt da nichts.

Soll ich kommen?

Jetzt ist es zu spät.

Versteh ich nicht.

Völlige Dunkelheit, nicht mal ein Lichtstreif war zu sehen. Professor Callenberg kam aus tiefster Bewusstlosigkeit, mit einem schalen Geschmack im Mund. Kalter Sand, ganz klar. Bittermandelaroma? Dieser verdammte Hens hat mich überwältigt, dachte er.

Zufrieden hatte sich Callenberg ein paar Stunden zuvor im Strandkorb ausgestreckt – seine Geschichte würde ein Hit werden, tausend Mal besser als das Geschreibsel von Hens. Er würde das Herz des Publikums im Sturm erobern, jetzt, wo alle anderen die Segel gestrichen hatten. Bestimmt hatte sein alter Konkurrent Hens seine Finger im Spiel. Dieses Lackäffchen des Feuilletons. Nur weil er in einigen wichtigen Redaktionen Freunde hatte, die ihm katzbuckelnd die Lobeshymnen schrieben. Der Kanzler-Dichter, mein Gott, was für ein ekelhafter Titel.

Aber diesmal würde er es ihm zeigen. Harte Kante. Ein Tiefschlag in sein überhebliches Grinsen und ein Sieg vor aller Augen und Ohren. Der *spiekerooger inselbote* würde nur von ihm berichten. Der nette Herr Brings hat bereits ein Foto von ihm gemacht. In der Pose der Bronzeplastik *De Utkieker*, Ausschau haltend am Meer.

Callenberg begann zu hyperventilieren. Es gelang ihm nicht, sich aus dem Strandkorb zu befreien. Ihm fehlte die Kraft dazu.

Verdammt, was hat dieser …

Hens war plötzlich hinter dem Strandkorb hervorgesprungen und hatte ihm einen Wattebausch auf die Nase gedrückt, es dauerte kaum eine Minute, bis Callenberg, der sich nur mäßig gewehrt hatte, ohnmächtig geworden war.

Dass der Strandkorb nach vorne gekippt wurde und Callenberg unter sich begrub, bekam das Opfer nicht mehr mit.

Plötzliche Magenkrämpfe und ein nie gekanntes Gehirngestürm …

Hoteldirektor Onno Poppinga ist untröstlich. Professor Callenberg sei wie vom Erdboden verschwunden.

Nur mein Friedrich ist noch übrig. Er will aus seinen letzten Romanen lesen und ganz zum Schluss, wenn ihm dann noch Zeit bleibe, die neue Geschichte. Fünf Leute aus dem Publikum sind gegangen. Banausen!

Der Raum ist mit Kerzen beleuchtet, sehr romantisch. Das Feuer prasselt.

Ich sitze in der ersten Reihe und strahle ihn an. Er nickt mir zu. Er weiß endlich, wer ich bin. Und ich weiß jetzt etwas über ihn, was uns immer verbinden wird. Friedrich Hens ist nämlich nicht nur ein ausgezeichneter Geschichtenerzähler. Er lässt seiner Phantasie u n d seinen Taten freien Lauf.

Kaum hat Friedrich die ersten Zeilen gelesen, wird er gestört. Wie immer bei Lesungen kommen Zuhörer zu spät. Ich sehe zwei Männer, die an der Seite stehen bleiben.

Mein Friedrich hört sofort auf zu lesen.

»Lassen Sie sich bitte nicht stören, Herr Hens. Es haben sich einige Fragen ergeben, die mit dem plötzlichen Verschwinden des Herrn Professor Callenberg zusammenhängen. Wir sind gekommen, um Sie zu einer Zeugenaussage abzuholen. Aber lesen Sie ruhig zu Ende. Auch bei der Polizei gibt es Liebhaber Ihrer Romane.«

Intermezzo 3 (1989)

Nachruf auf Mehmet Ö.

Bollmann spinnt. Er war völlig verrückt heute auf der Konferenz, als hätte ich ihn persönlich angegriffen. Jedenfalls geht ihm die Geschichte nahe. Hab ihn nie so außer sich erlebt.

»Bringen Sie mir Fakten«, hat er gebrüllt, »nur wenn Sie Fakten haben, kommt der Artikel.« Und dabei haben schon öfters Artikel in der Zeitung gestanden, in denen weniger Fakten waren als in meinen zweihundert Zeilen. Und Bollmann weiß das auch. Aber er ist der Redaktionsleiter.

Ich kann Lindow nicht nochmal einschalten, das würde auffallen. Er hat getan, was möglich war. Aber ich komme nicht weiter mit der Recherche. Hänge fest. Wie vor einer Mauer. Renne immer wieder dagegen an. Und dabei sagt mir meine Nase, dass ich auf der richtigen Spur bin.

Türke erhängt

Wie uns die Polizei mitteilte, ist gestern Nachmittag im Stadtteil Huchting ein türkischer Schüler aufgefunden worden, der sich erhängt hat. Es handelt sich um den 17-jährigen Mehmet Ö. Er soll sich des Ladendiebstahls schuldig gemacht haben.

Der typische Achtzeiler aus dem Polizeibericht. Keiner weiß, warum wir die immer abdrucken. Na gut, ein toter Türke. Hat sich aufgehängt – oder ist er gehängt worden? Niemand weiß mehr. Ich hab das in unserer Zeitung gelesen, stutzte, war irgendwie irritiert. Es war für mich keine Meldung wie jede andere.

Hab den Hörer aufgenommen und die Nummer des Polizeisprechers Harms gewählt. Wolkig der Mann, immer wolkig. Ja, ein besonders interessanter Fall. In einer zweihundert Jahre alten Eiche ist er gefunden worden. Mit einem Gürtel um den Hals. Wahrscheinlich Selbstmord, aber Genaueres weiß er nicht oder will er nicht sagen. Stattdessen fängt er ein Gespräch über das Wetter und das nächste Spiel von Werder an. Ich frage nach, was er sonst noch weiß. Wenigstens nennt er mir das Revier.

»Übrigens, Lindow hat den Fall. Aber morgen, spätestens übermorgen wird die Akte geschlossen. Da kommt nichts nach.«

Hauptkommissar Lindow, mit dem ich gelegentlich Skat spiele. Den darf man erst fragen, wenn man schon Antworten weiß. Also hab ich erstmal einen Bogen um ihn gemacht.

Es gibt Fälle, die lassen einen nicht los, auch wenn es gar nichts zu recherchieren gibt, wenn alles geklärt ist. Im Fall des Mehmet Ö. ist allerdings nichts geklärt. Ich muss mich beeilen.

Der Revierleiter ist ein Arsch. Ich kenne diese Typen, die kaum, dass man einen Wunsch geäußert hat, schon anfangen zu drohen.

»Da gibt es für die Presse nichts zu holen. Kleiner Fisch. Mehr sage ich nicht.« Und so was ist dann Revierleiter. »Halten Sie sich an den Pressesprecher, wir sagen gar nichts.«

Ich versuche die freundliche, überfreundliche, katzbuckelnde Tour. Von wegen Leserinteresse, von wegen *human touch*, von wegen junger Mensch, der jetzt tot ist. Es ist nichts, rein gar nichts aus ihm herauszukriegen. Lässt mich abblitzen. Hat schlechte Erfahrungen mit der Presse gemacht. »Kein Wort mehr.«

Am Reviertresen erfahre ich von einem hakennasigen Polizisten, dass Mehmet von einem Supermarkt abgeholt wurde. Dort soll er geklaut haben. Sagt mir auch, dass es der Supermarkt in der Huchtinger Landstraße ist.

Dieser Widerstand, wenn alles zu ist, wenn gemauert wird, wenn man nicht weiterkommt, ich weiß nicht, was mich daran so reizt. Hätte doch als Journalist ein schöneres Leben mit den schnellen Geschichten, Frage-Antwort-Frage, und dann die Zeilen in die Maschine jagen und fertig. Wenn dieser Revierleiter nicht so bockig gewesen wäre, wenn er mir nur ein paar nette Ausreden erzählt hätte, ganz freundlich, ich wär in die Redaktion gefahren und hätte die Sache vergessen.

Im Supermarkt ein Weißkittel, nachdem mir die Frauen an der Kasse gesagt haben, sie dürfen keine Auskünfte geben. Und dabei hatte ich noch gar keine Frage gestellt.

Der Weißkittel ist der Leiter dieser Filiale einer großen Warenhauskette. Kann sich kaum an den Fall erinnern. Spricht so leise, dass ich fast nichts verstehe. Ich frage immer lauter dagegen. Er tut so, als wisse er nicht, dass der Türke tot ist. Geht einfach drüber hinweg. Aber ich spüre, der weiß Bescheid. Stellt sich taub. Auch keine Reaktion, als ich ihn ins Bild setze. Als die ersten Kunden stehenbleiben und zuhören, führt er mich nach hinten.

Die Bildschirmwand. Die Monitore der Überwachungsanlage, davor zwei Herren in grauen Anzügen mit Weste. »Oho, die Presse«, jaunzt einer, »wir sagen gar nichts.«

Also selbst gesehen haben sie nichts, nein, nichts gesehen auf ihren zwanzig blauschimmernden Augen, aber eine Frau hat sie aufmerksam gemacht. Nein, sie haben nicht untersucht, ob der Türke wirklich was gestohlen hat, weil der sofort pampig geworden sei. »Die können rotzfrech werden, wissen wohl nicht, dass sie hier nur Gäste sind.«

Der ältere von den beiden spricht, der andere nickt im Takt dazu. Wahrscheinlich beide ehemalige Polizisten, die bei der Polizei keine Karriere mehr machen konnten und jetzt Ladendiebe fangen dürfen.

»Habe ich gleich die Polizei geholt. Kenne ja die Kollegen.« Der andere nickt. »Was soll ich mich mit so einem abgeben? Hat er natürlich dumm dagestanden. Aber rausrücken wollte er die Ware nicht.«

Ich kann mir nicht vorstellen, dass die beiden sich einfach von so einem Siebzehnjährigen ins Bockshorn jagen lassen. Frage nach, ob denn die Frau wirklich vertrauenswürdig sei. Da kommt eine schöne Geschichte heraus. »Jeder, der einen Diebstahl mitteilt, bekommt ein kleines Präsent. Haben wir uns selbst ausgedacht. Seitdem sind die Hinweise stark angestiegen und die Diebstähle zurückgegangen. So was spricht sich herum.«

Und wenn der Junge unschuldig war?

»Wir haben genügend Erfahrung, um zu wissen, wer unschuldig ist und wer nicht.« In Gedanken ergänze ich, wir brauchen diesen Typen nur ins Gesicht zu sehen.

Sie sind beide überrascht, als ich behaupte, dass diese Tat in Verbindung mit dem Selbstmord, wenn es einer war, steht. Der eine, der immer nur genickt hat, statt eine Antwort zu geben, ist sogar etwas betroffen. Er sagt mir dann die Namen der beiden Polizisten, die nur fünf Minuten später eingetroffen sind und Mehmet Ö. zur Wache mitgenommen haben. Den Namen der Frau, die ihn angezeigt hatte, bekomme ich nicht heraus.

»Datenschutz«, sagt der ältere ganz stolz. Und sie wollen mir auch nicht sagen, um was für ein Präsent es sich handelt, das sie für ihren Hinweis bekommen hat.

Ich fahre in die Redaktion, muss den Artikel über die Goldene Hochzeit des Ehepaar Herberts schreiben, schließlich soll der morgen erscheinen.

Nicht, dass ich den Fall vergessen hatte, aber die Todesanzeige stößt mich wieder darauf, dass ich die Recherche unterbrochen habe. Dazwischen lagen ein Bericht über einen Kleintierverein, eine Kohl-und-Pinkel-Fahrt der Eisenbahner und eine Meldung über die bevorstehenden Wahlen zum Personalrat.

Ich fahre in die Schule an der Hermannsburger Straße, spreche mit der Lehrerin, die sehr aufgebracht ist. Sie hat Mehmet Ö. vier Jahre unterrichtet. Ein ruhiger Junge, gar nicht wie einige von diesen Türken-Machos, wie sie sich ausdrückt.

»Es gab manchmal Streit mit Mehmet, manchmal war er nicht gut drauf. Vielleicht war er zu sensibel, zu sehr anti, ich weiß es nicht. Schon vor Jahren hat er mal wütend den Klassenraum verlassen, weil ein Mitschüler das Wort Türkenkoffer gebrauchte. Ich wusste nicht, was er damit meinte. Alle lachten. So bezeichnete der Mitschüler eine Plastiktasche. Ich fand nichts Schlimmes dabei. Aber Mehmet ging auf die Barrikaden, hat losgebrüllt und ist dann raus. Kam an dem Tag einfach nicht wieder in die Klasse.«

Sie hat keine Ahnung, was vorgefallen sein könnte, aber sie ist fest davon überzeugt, dass der Junge umgebracht worden ist.

»Da gibt es Skins im Stadtteil, die sich schon ein paarmal mit den Türken geprügelt haben. Mehmet war der Schwächste in einer Türkengang. Eher ein Mitläufer, auf gar keinen Fall ein Schläger. Die haben sich den gegriffen und aufgehängt. Ganz bestimmt. Mit dem Ladendiebstahl hat das alles nichts zu tun.«

Ich will wissen, ob sie Namen nennen könne. Erst zögert sie, dann sagt sie, wer von ihrer Schule zu den Skins gehört. Ich mache sie darauf aufmerksam, dass das schwere Vorwürfe seien, die man beweisen müsse. In die Klasse darf ich nicht mit rein. »Das wirbelt nur den ganzen Staub wieder auf. Der Hausmeister hat schon den leeren Stuhl abgeholt, den Stuhl, auf dem Mehmet saß.«

Ich rufe Lindow an, verabrede mich mit ihm zum Mittagessen. »Der Fall ist abgeschlossen, Klaus«, das ist seine erste Reaktion.

Der Kriminalhauptkommissar beim Mittagessen, ein Schauspiel für sich. Er isst unaufhörlich und spricht unaufhörlich. Zwischendurch spült er sich den Mund, aber nur, um gleich wieder weiter zu reden und zu essen. Ich sage, was ich in Erfahrung gebracht habe.

»Das ist weniger als nichts, Klaus.«

Dann schaufelt er wieder Kartoffeln hinein, mit Soße vermatscht.

Ich kenne Lindow seit Jahren. Er weiß, dass es nicht gern gesehen wird, wenn Kripo-Leute direkt mit der Presse reden, aber das schert ihn wenig. Sollen die mich doch abmahnen, sagt er.

Mit einemmal hört er auf zu essen, als ich davon spreche, es gebe wohl auch Überlegungen, dass die Rechtsradikalen den Mehmet aufgehängt hätten.

»Weißt du was Genaues? Woher hast du das?«

Lindow kommt ins Fragen, und mir fehlen die Antworten.

»Das ist schon sehr unwahrscheinlich, Klaus«, sagt er, nachdem er einen langen Zug aus seinem Bierglas genommen hat, »der hätte die Gegend zusammengebrüllt, wenn die ihn aufgeknüpft hätten. Keine weiteren Spuren am Körper von

Gewaltanwendung. Aber wenn du Namen hast, gib sie her. Ich geh der Sache nach.«

Ich gebe ihm die Namen nicht, und er versteht das.

Am Nachmittag nehme ich mir frei. Das hat keinen Zweck, jetzt wieder eine Karnickel-Meldung zu schreiben. Ich will an dem Fall dranbleiben.

Das Zusammentreffen mit den Skins im Jugendfreizeitheim ist eher ungemütlich. Wollen natürlich wissen, wie ich gerade auf sie komme. Kennen den Mehmet Ö. auch. Hatten sich mit ihm sogar schon gekloppt. »Gehörte ja zu diesen Mullahsöhnen, die hier die Fresse aufreißen. Kriegense einen verplättet. Das können die gerne haben, jeden Tag.«

Sie stehen da in ihren schwarzen Monturen, Leder mit Metallgehänge, die Köpfe kahlgeschoren, ein Dicker mit kleinem Hakenkreuz auf dem Handrücken. Die Arme vor der Brust verschränkt. Bereit, zuzuschlagen. Ich frage sie nicht direkt danach, was sie mit Mehmet gemacht haben. Dazu hab ich dann doch zuviel Schiss.

Abends ruft Lindow an, will wissen, was rausgekommen sei. Ich sage, dass die genügend Wut im Bauch hätten, sowas zu tun. Aber Beweise hätte ich keine.

»Ich hab den ganzen Tag darüber nachgedacht, was du heute Mittag gesagt hast.« Lindow ist merkwürdig zurückhaltend. »Der muss natürlich einen Grund gehabt haben, dieser Türke! Ich weiß nur, von der gerichtsmedizinischen Seite ist das einwandfrei Selbstmord. Aber warum der sich umgebracht hat, keine Ahnung. Ich geh der Sache nochmal nach, Klaus.«

Am Wochenende lerne ich Mehmets Vater kennen, hab ihn aufgesucht, hab mich vorgestellt. Er ist sehr zögerlich, ganz in sich gekehrt. Seit fünfzehn Jahren in der Bundesrepublik, sein

Deutsch ist hart, fast nicht verstehbar. Er hat es auf der Werft gelernt, da braucht er nur ein paar Anweisungen zu verstehen. Seine Frau ist vor drei Jahren zurück mit den beiden anderen Kindern, hat es nicht mehr ausgehalten in der Fremde. Er war mit Mehmet allein, wollte warten, bis er die Schule beendet hatte.

»Wissen Sie, wie das ist, wenn Sie morgens im Bus sitzen, und da steht *Türken raus,* direkt neben dem Platz, wo ich immer sitze. Das sticht zu wie mit Messern. Ich hab mal gezählt in unserem Viertel, wo ich wohne, nicht, da steht es zwölfmal, nicht nur *Türken raus,* auch mal *Ausländer raus.* Einmal sind wir hingegangen und haben ein paar von diesen Sachen überpinselt.«

Herr Özcan erhebt keine Anklage, er ist traurig. Ich schlucke ein paarmal, um seine Trauer zu ertragen.

»Und was so seltsam ist, zu Hause, in der Türkei, da haben mir die Nachbarn erzählt, in Deutschland kann man gut arbeiten, alles prima! Aber wir haben nicht die Wahrheit gesagt, haben unsere Schmerzen vergessen, unsere Wunden nicht gezeigt, haben angegeben, Fernseher, Waschmaschine mitgebracht, damit alle sehen, wie gut es uns geht. Und damit wir zeigen konnten, dass wir die Trennung von der Heimat gut ertragen können. Das Geld, das verdammte Geld hat uns blind gemacht.«

Als ich die Wohnung von Herrn Özcan verlasse, fahre ich sofort zu Lindow. Sonntagmorgen, ganz gleich, ob ich ihn störe oder was. Ich muss mit ihm reden.

»Da ist irgendwas faul, Klaus«, sagt er, noch im Bademantel. Er sitzt am Küchentisch, während Helga Kaffee aufgießt.

»Ich komme da nicht ran. Irgendwas ist da gelaufen, aber die Herrschaften mauern, ganz gewaltig. Ich werd mir die einzeln vornehmen, ganz bestimmt. Das krieg ich raus.«

Es ist seltsam, aber Lindow ist ganz sicher, dass er etwas erfahren wird. Und das, obwohl die Akte geschlossen ist. Der Fall ist eigentlich klar: Selbstmord.

In der kommenden Woche habe ich immer darauf gewartet, dass der Hauptkommissar mich anruft. Ich will mich nicht melden, will ihn nicht drängen.

Ich bin nochmals auf dem Revier gewesen, unter einem Vorwand, hab ein paar dämliche Nachfragen zu einem Verkehrsunfall gestellt. Aber die wissen ganz genau, warum ich komme. Nach ein paar Minuten bin ich auch wieder draußen.

Der Redaktionsleiter Bollmann wütet. Ob ich noch wisse, wo mein Arbeitsplatz sei, ob ich etwas von Arbeitszeiten gehört hätte, ob ich das Geschreibsel in den letzten Tagen für journalistisch wertvoll halte. Ich kann nicht anders, weihe ihn ein.

»Gute Geschichte«, sagt er, »bleib dran, Junge. Kriegst vielleicht ne Feder an den Hut, aber komm auch mit ein paar Fakten zurück! Nicht nur Spekulatius.«

Und dann der Anruf, morgens gegen zwei Uhr. Ich hab sofort das Band angeschaltet.

»Entschuldigen Sie, dass ich so spät noch anrufe, aber mir hat das keine Ruhe gelassen. Ich habe gehört, dass Sie noch mal auf dem Revier waren.«

»Ich habe Ihren Namen nicht verstanden, würden Sie den bitte wiederholen?«

»Der Name tut da nichts zur Sache.«

»Ich muss wissen, mit wem ich spreche.«

»Wir waren zu dritt, als wir den Özcan Mehmet vernommen haben.«

Ich kann mir vorstellen, wer da anruft. Der hakennasige Polizist vom Tresen der Wache 6. Kein Zweifel.

»Also, Sie waren dabei.«

»Ja, ich war dabei.«

»Und wie ist das vor sich gegangen?«

»Am Anfang war das ganz normal.«

»Was heißt da ganz normal?«

»Er hat Angaben zur Sache gemacht und dann musste er sich ausziehen und dann ...«

»Ist das normal, dass sich Ladendiebe ausziehen müssen auf dem Revier, ausziehen müssen?«

»Ja, ja, das ist normal, gehört zu den Vorschriften. Wir müssen doch überprüfen, ob er das Diebesgut noch bei sich hat.«

»Aber er hatte nichts bei sich.«

»Das wissen Sie ja schon. Wahrscheinlich hat er das Diebesgut vorher verschwinden lassen. Da sind die ganz fix.«

»Und dann ...«

»Ich wollte Sie nur angerufen haben.«

»Ja?«

»Wir wollten mal nachsehen, wie das aussieht.«

»Wie was aussieht?«

»Wie das aussieht, wenn einer beschnitten ist. Wir haben ihm die Unterhose runtergezogen.«

»Und dann ...«

»Der Hermann hat gesagt: So, der ist beschnitten, der kleine Allahsohn. Und der Özcan Mehmet hat die Hände davorgehalten, um das abzudecken ...«

»Und dann haben Sie und Ihre Kollegen ihn gezwungen ...«

»Nein, nein, dann hat er sich gleich wieder angezogen.«

»Aber ...«

»Vielleicht war das nicht richtig, was der Hermann da gesagt hat. Aber darum hat der sich doch nicht umgebracht, was meinen Sie?«

Ich bleibe die ganze Nacht wach, schreibe den Artikel, will meine Wut wegschreiben, nicht einfach ein Stück purer Fakten abliefern, schreibe einen Kommentar, der es in sich hat. Erst am Morgen schlafe ich eine Stunde.

Ich bin in die Redaktion, will mir Bollmann noch vor der Konferenz schnappen, aber die hat schon angefangen. Werde mit Spott empfangen. »Der Herr Grünenberg, mal wieder verspätet.«

Gut, denke ich mir, denen zeigst du es jetzt. Als ich dran bin, lasse ich das Band laufen und sage: Die Fakten. Mehr nicht.

Sie kriegen richtig rote Ohren beim Zuhören. Keiner sagt etwas. Alle warten auf Bollmann.

Nach einer ganzen Weile kommt er heraus: »Wir drucken, auch wenn es das Ende der guten Beziehung zur Polizei ist.«

Ich habe die Redaktionskonferenz verlassen, will mit Mehmets Vater sprechen, kann ihn aber nicht erreichen.

Am nächsten Morgen sehe ich die Bescherung in der Zeitung. Mein Artikel ist tatsächlich drin. Bollmann hat daneben einen Kasten gerückt, doppelt so groß: »Wie in türkischen Gefängnissen gefoltert wird.« Es ist eine alte Meldung.

Der Fehltritt

Ein Krimi in zwei Stimmen aus Bad Ragaz

Warum machen Sie das immer wieder?

Was?

Sie wissen schon, was ich meine.

Was denn?

Sie sind gesehen worden.

Wie schön.

Wir haben Sie unter Beobachtung.

Bin ich denn so wichtig?

Sie fallen auf … in unserem beschaulichen Ragaz.

Das wüsste ich aber.

Man dreht sich nach Ihnen um.

Gibt's hier so viele Voyeure?

Frau Schönherr, man redet über Sie.

Besser, als wenn man über mich schweigen würde. Finden Sie nicht?

Das ist nicht zum Spaßen.

Mir gefällt's.

Nun lassen Sie doch die Spielchen.

Welche Spielchen? Ich spiele gerne … schon immer. Bad Ragaz ist ein wundervoller Ort zum Spielen.

Sie kommen seit Jahren hierher, sind Stammgast im Hotel Schloss Ragaz … und immer fallen Sie auf.

Ich falle auf?

Ja Sie!

Mit was falle ich auf?

Jetzt tun sie doch nicht so unschuldig.

Ich bin unschuldig. Das müssen Sie einer 70-Jährigen schon glauben. Wer sind Sie überhaupt?

Ich bin von der Kantonspolizei!

Name?

Beat.

Ist das Ihr Nachname?

Ein typisch Schweizer Vorname.

Und Nachnamen haben Sie keinen?

Der tut nichts zur Sache.

Ich muss doch wissen …

Frau Schönherr, Sie lenken ab.

Was haben Sie es denn so eilig, junger Mann?

Ich will nur wissen, warum Sie das immer wieder machen.

Letztes Jahr hat mich jemand befragt, der in Uniform war.

Ich bin in zivil hier.

Und warum?

Ich könnte Sie auch aufs Revier einbestellen.

Und warum tun Sie es nicht?

Ich will Ihnen die Mühe ersparen.

Sie ersparen mir gar nichts. Wenn Sie mich hier in der Hotelbar verhören … dann bitte etwas leiser. Ich möchte hier keine Aufmerksamkeit erregen.

Sie sind gesehen worden, wie Sie mit einem Mann in die Pizolbahn stiegen, nur Sie zwei … und dann hat die Gondel so geschaukelt, dass wir gedacht haben, es passiert ein Unglück.

Ja, das war eine rauschende Fahrt. Hat sehr viel Spaß gemacht.

War aber Erregung öffentlichen Ärgernisses!

Wirklich?

So nennt man das, was Sie tun.

Was tue ich denn?

Sie erregen öffentliches Ärgernis!

Ich?

Ja Sie!

Und womit?

Weil Sie in aller Öffentlichkeit …

Nun sagen Sie es schon! Sprechen Sie es aus! Oder fehlt Ihnen der Mut dazu?

Weil Sie in aller Öffentlichkeit … Zärtlichkeiten austauschen!

Und das erregt die Öffentlichkeit?

Natürlich erregt das die Öffentlichkeit! Sowas macht man privat und nicht dort, wo man viele Zuschauer hat. Sie sind in der Taminaschlucht und auch am Giessensee aufgefallen. Was meinen Sie, was für Beschwerden wir bekommen.

Wer hat sich denn beschwert? Sind doch alles Spießer, oder? Die einem Liebespaar nicht mal ein paar Zärtlichkeiten, wie Sie es nennen, gönnen.

Wenn es nur ein paar Zärtlichkeiten wären … Das grenzt an … Petting.

An was?

Petting!

Kann man das essen?

Bitte …

Wird man dick davon?

Frau Schönherr, bleiben Sie bitte ernst.

Jetzt mal ganz ernst. – Knutschen Sie denn nicht gerne?

Ich …

Sie machen mir nicht den Eindruck eines Kostverächters.

Das tut nichts zur Sache.

Was tut denn etwas zur Sache?

Und dann sind Sie gesehen worden ... in der Therme. Mit einem anderen Mann!

Es gibt so viele Männer auf der Welt ... Soll ich mich da mit einem begnügen?

Aber immer sind die Männer mindestens 20 Jahre jünger als Sie!

Soll ich jemand nehmen, der 20 Jahre älter ist als ich?

Das hab ich nicht gemeint.

Was haben Sie denn gemeint?

Sie können nicht in der Öffentlichkeit andere Männer ... knutschen, so wie Sie das nennen.

Ich spiele halt gerne. Früher war ich in Bad Ragaz immer auf dem Golfplatz und im Casino, spielen ist meine Leidenschaft. Und jetzt sind es Männer.

Das gehört sich nicht! Sowas tut man nicht! Das passt nicht hierher!

Dann verhaften Sie mich doch!

Ich hätte jeden Grund dazu.

Und welcher wäre das?

Zum Beispiel wegen unterlassener Hilfeleistung?

Wieso das denn? Hat sich jemand über meine Küsse beschwert? Oder hab ich ihn übersehen? Oder wollte er geküsst werden, sozusagen als eine Hilfeleistung, die ich dann unterlassen habe – ganz schön kompliziert, dieses juristische Zeugs.

Wie war das mit dem Mann, der plötzlich vom Felsen stürzte?

Ach, die Geschichte meinen Sie.

Genau diese Geschichte meine ich.

Ja, das war nicht so geplant.

Der Mann ist tot aufgefunden worden.

Der hatte es verdient.

Sie hätten die Rettung rufen müssen! Der 45-Jährige wurde Tage später …

Er wollte doch unbedingt auf den Pizalun und am Gipfelkreuz Picknick machen. Er hatte alles ausgebreitet und plötzlich wurde er zudringlich. Ließ einfach die Hose runter. Da habe ich ihn ein wenig geschubst, bevor er mir zu nahe kam und dann …

Ist er gestürzt. In die Tiefe. Er war wahrscheinlich gleich tot.

Soll ihm eine Lehre sein! Man kann nicht einfach einer 70-Jährigen gegenüber die Hosen runterlassen.

Haben Sie denn gar kein Mitgefühl?

Wie gesagt: Er hat es verdient.

Es war zumindest fahrlässige Tötung. Oder sollte ich es beim Namen nennen. Es war …

Jetzt übertreiben Sie aber. Wer kann mir nachweisen, dass ich ihm einen Schubs gegeben habe. Nun … ich hab doch schon gesagt, Sie können mich verhaften.

Erst will ich wissen, warum Sie das immer wieder tun.

Was?

Dieses … Rumgefummele in aller Öffentlichkeit.

Erst nennen Sie es Petting, dann Rumgefummele. Waren Sie denn nie jung?

Sie sind 70, wenn nicht sogar älter.

Gibt's denn da eine Altersgrenze? Sagen wir, ab 45 ist Schluss mit … Zärtlichkeiten, oder mit 55?

Zum letzten Mal: Warum tun Sie das immer wieder? Wollen Sie provozieren?

Weil es Spaß macht. Einfach, weil es Spaß macht. Es gibt so viele Männer, die ungeküsst am Abend …

Und da wollen Sie Abhilfe schaffen?

Wenn Sie es so wollen.

Es geht nicht darum, was ich will, sondern es geht darum, was Sie hier tun und das ist ungesetzlich!

Glauben Sie eigentlich, dass ich S i e nicht beobachtet hätte …

Wie meinen Sie das?

Sie verfolgen mich seit Tagen. Im Alten Torgel in Jenins haben Sie zu viel Wein getrunken und unentwegt zu meinem Tisch geschaut.

Weil Sie es mal wieder auf die Spitze getrieben haben.

Ich bin Ihnen ein paar Mal gefolgt. Aber … seltsam … nie sind Sie ins Revier gegangen.

Ich bin eben ein Ziviler.

Wären Sie so freundlich, mir mal Ihren Dienstausweis zu zeigen?

Wie kommen Sie darauf?

Ich hab so einen Verdacht.

Und worauf ist der begründet?

Jemand, der niemals aufs Revier geht, ist vielleicht gar kein Polizist.

Ich gebe zu, ich hab ein bisschen geschummelt.

Das ist Vorspiegelung falscher Tatsachen in Tateinheit mit Amtsanmaßung.

Nun seien Sie doch nicht so formal.

Jedenfalls sind wir jetzt quitt – ich als öffentliches Ärgernis und Sie als falscher Polizist. Jeder hat was auf dem Kerbholz.

Darf ich Sie zu einem Drink einladen?

Wie kommen Sie jetzt darauf?

Vielleicht einen Screwball oder Sex-on-the-beach.

Werden Sie nicht frech, junger Mann. Ich trinke immer nur Gin Tonic, Bombay Sapphire.

Ich hab auch schon ein paar schöne Plätze für uns beide ausgesucht. Beim Cristo auf dem Guschakopf waren Sie ja noch nicht. Und der Weg zur Heidialp ist auch ganz schön verschwiegen.

Daher kommt plötzlich die sanfte Brise. Hatte mich schon gewundert …

Als ich Sie im letzten Jahr gesehen habe, dachte ich …

Was haben Sie gedacht?

Die Frau hat was.

Sie wollen mir schmeicheln.

Das meine ich ganz ernst, das müssen Sie mir glauben.

Jetzt soll ich auch noch gutgläubig sein.

Ich bin auch solo.

Das ist nicht unbedingt eine Voraussetzung.

Ihre grünen Augen … faszinierend.

Sie brauchen eine Brille, junger Mann. Meine Augen sind braun, mit einem Schuss ins Violette.

Oh, Entschuldigung, so nahe wie heute bin ich Ihnen noch nie gewesen.

Wird auch nicht wieder vorkommen.

Ich dachte, es sei eine besonders originelle Form der Annäherung, mich als Polizist auszugeben.

So hat es noch nie jemand versucht.

Und? Habe ich eine Chance?

Nein! Sie kommen zu spät. Ich stehe jetzt mehr auf gesetztere Herren, solche mit grauem Bart und weißem Hut.

Darf ich Sie nicht doch zu einem Gin Tonic einladen?

Jetzt brauch ich etwas Härteres. Einen doppelten Wodka!

Nicht jeder Comedian stirbt lustig

Ein Krimi in zwei (und mehr) Stimmen

Wenn jemand ganz oben angekommen ist, muss er damit rechnen, dass man ihn hasst. Ist nun mal so. Ich hab auch jahrelang all die Kollegen gehasst, die dauernd ihre Nase ins Fernsehen hielten. Wenige schaffen den großen Sprung. Sobald ich die ersten Erfolge hatte, hagelte es böse Kritiken. Neider, klar, was denn sonst. Die können nicht ab, dass einer unter Tausend es schafft. Dann der große Durchbruch, mein Auftritt in einer Samstagabendshow, schon war ich obenauf. Und das jetzt seit fast einem Dutzend Jahren. Plakate mit meinem Konterfei hängen immer Monate, bevor ich in eine Stadt komme, um die größte Halle zu rocken. Ausverkauft, was für ein wunderbares Wort. Höre ich immer wieder gerne. Ausverkauft, wie das schon klingt. Tja, und je höher du steigst, desto mehr Neider. Ist nun mal so. Ich hab mir das alles selbst erarbeitet. Väterchen Zufall hat ein bisschen geholfen. Gebongt. Dieser Auftritt am Samstagabend in der Glotze war eine Sternstunde, ich hab diese Chance genutzt. Deswegen kann ich jetzt etwas anderes wagen. Und ich freu mich drauf. Wie eine Schneekugel.

Als ich hörte, wer den Falstaff geben soll, wollte ich meinen Vertrag gleich wieder lösen. Eine Unverschämtheit, uns so jemanden vor die Nase zu setzen. Aber ich brauch die Kohle. Kann mir nicht leisten, ein Engagement auszuschlagen. Vier Wochen Tournee sind für jemanden wie mich Gold wert.

Außerdem spricht sich das in der Branche ganz schnell rum und dann heißt es: Der Bömermann ist nicht mehr zuverlässig, der steigt aus einem Vertrag aus. Heutzutage können sich die wenigsten freien Schauspieler erlauben, so ein Engagement sausen zu lassen.

Als ich Hanky zum ersten Mal von nahem gesehen habe, dachte ich, was für ein Gnom. *Short people,* wie Randy Newman sie besingt. Im Fernsehen kommt er rüber, als habe er Normalmaß, dabei ist er kleiner als James Dean. Wie der den Falstaff spielen will? Keine Ahnung.

Weil er ein bekannter Comedy-Star ist, wird er als Zugpferd eingekauft. Theater als Event, Shakespeare als Lachnummer. Wir haben in der Truppe drüber getuschelt, als wir von der Besetzung erfuhren. Da kam richtig Häme auf. Hanky als Falstäffchen. Bei der Tourneeleitung wegen dieser Fehlbesetzung nachzufragen, hat sich niemand getraut. Hätte nur Trouble gemacht. Wir haben gewettet, dass er irgendwann hinschmeißt und aussteigt. Kann der sich ja leisten. Ex und hopp. Dann lässt er seinen Agenten irgendeinen windigen Grund über seinen Ausstieg verbreiten und den Terminkalender wieder auffüllen und schon ist er wieder im Geschäft. Aber es kam doch alles ganz anders. Und Hanky wird noch lange daran denken. Wenn er denn überlebt.

Ich hab mir ein paar von seinen Auftritten bei YouTube angesehen. Unterstes Niveau. Schrottjokes. Billigste Klamotte. Alberne Dummwitze. Jede Menge plattester Kalauer. Und jetzt will er seriöses Theater machen. »Die lustigen Weiber von Windsor«, mit ihm als Falstaff. Das kann nur schief gehen.

Bei der ersten Leseprobe war er ganz still. Hat brav unserem Regisseur zugehört. Nur am Schluss kamen ein paar

Worte von ihm: »Liebe Kolleginnen und Kollegen, manchem von Ihnen wird es nicht schmecken, dass ich diese Rolle übernommen habe, aber glauben Sie mir, ich war genauso überrascht wie Sie, als ich die Rolle angeboten bekam. Ich möchte endlich mal wieder Theaterluft schnuppern, von mir aus auch auf kleinen Bühnen und im Team mit so netten Menschen wie Sie es sind.«

Heuchler, verdammter. Nach der Probe hat er uns alle in ein piekfeines Sternelokal eingeladen. Manche haben ganz schön reingehauen und das Teuerste von der Karte bestellt. Ich hab mich zurückgehalten. Von so einem lass ich mich nicht korrumpieren.

Ich hab mir überlegt, ob ich mir für die nächsten Wochen einen Bodyguard zulege. Es ist unerträglich, ständig von irgendwem belästigt zu werden. Kaum sind wir aus den Proben raus, irgendwo in einer Kneipe oder einem Restaurant, muss ich Autogramme schreiben. Wie ich das hasse. Macht natürlich keine gute Stimmung unter den Kollegen. Besonders dieser Bömermann, der den französischen Arzt Dr. Caius spielen wird. Ich sehe dem jedes Mal an, wie sich seine Galle grün färbt. Dabei ist er auf den Proben gar nicht so schlecht. Aber es fehlt ihm an Präsenz, sein Auftritt ist zu lasch. Shakespeare hat gerade bei den »Weibern« allen eine Sprachfärbung oder wie bei Dr. Caius einen dialektalen Einschlag gegeben, den Bömermann richtig ausspielen könnte.

Am besten gefällt mir die kleine Rita, gerade von der Ernst-Busch-Schule gekommen. Wie die Anne Page, das von drei Seiten umschwärmte Töchterchen, interpretiert: super. Da schlagen die Herzen höher. Wie die junge Romy,

Wirbelwind und Augenmagnet. Ich werde sie mal in meine Show einladen.

Ärger gab es, als die Tourneeleitung den Plakatentwurf schickte. Darauf war mein Porträt bildfüllend zu sehen, Unterzeile: Hanky spielt Falstaff! Der Titel des Stückes und der Name des Autors viel kleiner, von den anderen Schauspielern wurde niemand erwähnt. Ich hab in Zürich bei der Produktion angerufen und gesagt, wenn das nicht sofort geändert wird, bin ich draußen. Diese Kameradenschweinerei mache ich nicht mit. Mein Agent hat mir geraten, mich nicht so weit aus dem Fenster zu lehnen, schließlich hätte ich eine hohe Konventionalstrafe im Vertrag, wenn ich das Engagement nicht bis zum letzten Tag erfülle. Je mehr Kohle du verdienst, desto heftiger die Strafen bei Nichterfüllung. Ist nun mal so.

Jetzt basteln sie an einem Kompromiss, um mich nicht allzu sehr zu verärgern.

Für ein anderes Problem hab ich eine Lösung gefunden. Wenn wir nach den Proben ausgehen, behalte ich die zottelige Perücke und den fetten Wams des Falstaff an, dann erkennt mich keiner.

Was aber Bömermann nicht abhält, bei den Kollegen weiter gegen mich zu sticheln. Hat mir die kleine Rita erzählt. Ganz im Vertrauen.

Rita war der Grund, dass ich trotz der schlappen Gage das Angebot für die Tournee angenommen habe. Ein paar Wochen in ihrer Nähe zu sein, entschädigt für vieles. Wir kennen uns, seit sie in einer Hochschul-Aufführung in Wedekinds »Frühlings Erwachen« die Wendla Bergmann spielte.

Apropos Gage: Es steht in unseren Verträgen, dass wir mit niemandem über die Höhe unserer Gagen sprechen dürfen, Verschwiegenheit wurde vereinbart. Wir sollen nicht erfahren, was Hanky so Abend für Abend einstreicht, bestimmt ein Vielfaches von dem, was wir kriegen. Ich bekomme Hundertzwanzig ausgezahlt. Auch nicht schlecht, wenn man *en suite* vier Wochen spielt. Dafür wird die Probenzeit ganz mies abgegolten.

Glücklicherweise haben Rita und ich in einer WG Unterschlupf gefunden. Sonst müssten wir für diese drei Wochen vor Tourneebeginn noch Geld drauflegen.

Ab und zu bestellt Hanky ein Catering für alle, damit wir die Probe nicht zu oft unterbrechen müssen. Wie ich diese Großzügigkeiten hasse. Er vergisst nicht zu betonen, es sei doch selbstverständlich, dass einer wie er die Kollegen, die nicht gerade auf Rosen gebettet sind, einlade. Rita zwinkert ihm bei solchen peinlichen Sätzen immer zu. Die Beifallsmaus. Aber ich darf das nicht bei ihr ansprechen, sonst denkt sie noch, ich sei eifersüchtig. Wie kann man auf so einen Erfolgsgnom eifersüchtig sein.

Es würde mich nicht wundern, wenn Hankys nächstes Comedyprogramm von seinen Erfahrungen mit dem Tourneetheater handelt. Da wird er uns alle in die Pfanne hauen und dem Gespött des johlenden Publikums preisgeben.

Nur zwei Wochen soll William Shakespeare gebraucht haben, um »Die lustigen Weiber von Windsor« zu schreiben, auf Wunsch ihrer Majestät, der Königin Elisabeth, die ihre Lieblingsfigur aus den Königsdramen, den Schwadroneur Falstaff, auch mal als Komödiant auf der Bühne sehen wollte. Frank Günther, der geniale Übersetzer des Stücks, charakterisiert Falstaff so: »Ihm ist die Welt ein einziger Bauch, diesem verlogenen, verfressenen und feigen Ritter mit der Moral eines streunenden Katers – ein betrogener Liebesbetrüger.« Well put, *möchte man mit Shakespeare sagen.*

Ich hab mir für meine Leibesfülle ein Korsett mit Bleigewichten nähen lassen, 25 Kilo trage ich auf dem Leib, macht mich kugelrund. Meine Tanzschrittchen werden dadurch komisch.

Wenn auch das große Publikum wahrscheinlich kommen wird, um mich zu sehen, Rita wird die Herzen der Zuschauer gewinnen, allein mit dem Augenlächeln und den sanften Grübchen. Ich würde drauf wetten, dass ihr Name in allen Kritiken erwähnt werden wird. Was man bei diesem Bömermann nicht erwarten kann. Der wird von Probe zu Probe schlechter. Hätte nicht gedacht, dass sich ein Kollege so wenig im Zaum halten kann.

Der Agent hat mich angerufen: Der Vorverkauf laufe besser als bei allen anderen Stücken des Schweizer Tourneetheater-Unternehmens. Manche Abende bereits ausverkauft, drei Städte wollen Zusatztermine.

Die Tourneeleitung sei leider nicht bereit gewesen, das Plakat zu ändern. Es werde schon überall gehängt. Schließlich sei ich der Magnet für die Tournee. Ich solle bittebitte den anderen nichts davon sagen, damit nicht weitere Unruhe ins Ensemble komme.

Wieso Unruhe, habe ich gefragt. Mein Agent hat geantwortet, den Zürchern sei da einiges zu Ohren gekommen. Aber er wollte mir partout nichts darüber erzählen.

Wenn er nicht aufhört, so unverschämt und unverblümt mit Rita zu flirten, kriegt er es mit mir zu tun. Einmal hab ich sie schon beim Händchenhalten erwischt, hatte nichts mit den Proben zu tun.

Hanky nimmt sich einfach alles, was er kriegen kann. Warum er so einen großen Erfolg hat, ist doch klar: Er wanzt sich überall ran – an uns, an sein Publikum, einfach an alle. Und auch an Rita. Die merkt nicht, wie er sie langsam einspinnt. Er will ihr einen Auftritt in seiner nächsten Show besorgen. Hat sie mir gestanden. Ganz heimlich.

Heute hat mich Hanky kritisiert! Vor der ganzen Truppe! Ich käme immer noch nicht mit dem Dialekt klar. Warum wir nicht die althergebrachte Schlegel/Tieck-Übersetzung spielen, sondern diese angeberische Neu-Übersetzung, keine Ahnung. Manches von dem, was ich zu sprechen habe, kann das Publikum gar nicht kapieren. Auch wenn ich es ganz langsam und prononciert bringe. Hanky hat getönt, ich würde mich nicht genügend reinhängen! Der Dr. Caius sei eine Paraderolle für jeden Schauspieler. Dann hat er doch tatsächlich eine Passage meiner Rolle vorgespielt. Die anderen haben sich gebogen vor Lachen. Und ich stand da im Regen. Auch Rita hat ihm applaudiert.

Scheiße, verdammte. Das wird er mir büßen. Einen Bömermann darf niemand blamieren. Auch dieser Erfolgsgnom nicht.

Medienstricher hat er mich genannt, habe ich ganz genau gehört, auch wenn es nicht für alle Ohren bestimmt war. Medienstricher, zwar im Abseits gesprochen und nur an Rita gerichtet, aber es war zu hören. Ich muss Rita mal danach fragen, was er so in der WG über mich tratscht.

Bömermann weiß doch genau, dass ein kurzer Anruf in Zürich genügt und er ist draußen. Ich könnte Heinrich oder

Matthias bitten einzusteigen. Die könnten beide einen Dr. Caius hinlegen, der dem Text gerecht wird und Szenenapplaus ohne Ende einheimst.

Ich weiß nicht, was Rita an diesem Bömermann findet. Der spielt sich auf. Ein Schauspieler ist er nicht. Hat behauptet, er sei lange Jahre an der Burg gewesen, nicht in den ganz großen Rollen, aber immerhin an der Burg … Weiß der Mann nicht, dass es Internet gibt, wo man das schnell mal nachprüfen kann. An der Burg hat es nie einen Bömermann gegeben.

Ist halt ein Aufschneider. Wie so mancher in der Branche.

Der Regisseur hat jeden Tag einen neuen Einfall, den er vor der Probe immer erst mit mir bespricht. Deswegen kommen wir manchmal ein bisschen verspätet auf die Bühne, was natürlich nicht gerne gesehen wird.

Medienstricher! Unverschämtheit! Als ob dieser Bömermann wüsste, wie es bei den Medien zugeht. Dass er auf mich und meinen Erfolg eifersüchtig ist, o.k., dass er mich deswegen hasst. Gebongt. Meine Rede. Aber dass er das so ungebremst demonstriert, zeigt nur, dass er ein bloody amateur *ist.*

Heute Abend werde ich mit Rita alleine ausgehen. Ich kenne da einen wunderbaren Thai, dorthin will ich sie einladen. Der Koch mag mich und kennt meinen Geschmack, der wird uns ein paar seiner besonderen Köstlichkeiten kredenzen.

Hanky will – mit dem Segen des Regisseurs – eine Fechtszene in das Stück einbauen. Es kommt zwar keine bei Shakespeare vor, aber er meint, eine Fechtszene würde dem Ganzen noch mehr Würze geben.

Keiner der Kollegen hat sich bereit erklärt, gegen dieses Falstäffchen anzutreten.

Das ist meine Chance. Wahrscheinlich weiß Hanky nicht, dass wir auf der Schauspielschule dafür ausgebildet wurden. Viele Stunden haben wir mit verschiedenen Waffen, Degen, Schwert, Säbel, Lanzen üben müssen.

Also hab ich mich gemeldet und gesagt: Wenn sich niemand findet, ich stehe zur Verfügung.

Ausgerechnet, der Bömermann, entfuhr es Hanky. Aber er hat eingewilligt. So werden wir im ersten Akt ein Duell haben. Natürlich will Hanky Lacher provozieren und mit seinem Kugelbauch herumtrollen.

Schon bei den ersten Hieben hab ich gemerkt, wie kräftig der Gnom ist. Aber trainiert hat er das Fechten nicht. Hanky hat nie eine Schauspielschule von innen gesehen. Er ist nämlich zweimal durch die Aufnahmeprüfung gefallen.

Das habe ich vorsorglich einem befreundeten Pressemenschen gesteckt, der wie ich Hankys TV-Auftritte als den Niedergang der deutschen Comedy-Szene empfindet. Friedrich soll einen Artikel über die Premiere schreiben. Er freut sich darauf, Hanky in die Dutten zu schicken. So eine Gelegenheit kommt nicht oft.

Rita ist aus der WG ausgezogen, für die letzten drei Tage. Unglaublich. Sie wohnt jetzt im gleichen Hotel wie Hanky. Er zahlt. Ist doch klar. Erst ein Rendezvous beim Thailänder, ganz intim, dann ein bisschen fummeln, dann rein in die Falle und schon hat sich Hanky einen Tourneeschatten besorgt. Damit er unterwegs nicht so allein ist.

Ich hab mir seine Heimatadresse besorgt. Seine Frau soll gleich erfahren, was Hanky zu treiben denkt. Muss nur noch einen Weg finden, ihr das möglichst absenderneutral zu stecken.

Bömermann kann fechten. Der haut richtig zu. Nur gut, dass ich diese Weste habe, sonst hätte ich schon ein paar Blessuren.

Jedes Mal, wenn er es zu toll angeht, rufe ich: Stopp! Und der Regisseur unterstützt mich dabei.

Dieses Gefecht soll ein Späßchen werden, nicht eine Hauerei auf Leben und Tod. Aber das hat dieser Bömermann noch nicht kapiert. Die Italiener haben ein schönes Wort für Amateure: dilettanti. *Bömermann möchte mich verletzen, das steht für mich fest. Aber ein Hanky weicht nicht kurz vor dem Tourneestart.*

Ich hab mir in einem Fechtklub nach Probenschluss private Trainingsstunden geben lassen. Fintieren heißt das Zauberwort. Antäuschen und zustechen. So tun, als weiche man zurück, den Gegner zum Angriff verleiten und dann den entscheidenden Treffer setzen.

Langsam verliert Bömermann seinen Rückhalt in der Truppe. Anfangs sah es so aus, als hätten mich alle auf dem Kieker, aber jetzt steht er ziemlich allein da. Wie Don Quichotte im Kampf gegen die Windmühlen. Und nun ist auch noch sein Sancho Pansa von der Fahne gegangen.

Ich habe Rita darum gebeten, dass wir äußerst diskret miteinander umgehen und nicht öffentlich unsere Zuneigung zur Schau stellen. Dieser Bömermann hat ihr eingeblasen, ich hätte sie nur umgarnt, um eine Geliebte für die Tournee zu haben. Das käme ganz schlecht. Ein Hinweis an die Presse und schon rauschen die Klatschspalten. Die warten doch nur darauf, mir ein Bein zu stellen. Ist nun mal so. Immer wenn einer ganz oben ist, gibt's irgendwann einen Sockelsturz. Manchen haut es dann so um, dass er nie wieder auf die Füße kommt.

Die Generalprobe war die reine Katastrophe. Wir mussten das Fechtduell dreimal unterbrechen, weil dieser besessene Bömermann sich nicht unter Kontrolle halten konnte.

Ich war kurz davor, die Fechtszene wieder komplett zu streichen. Außerdem hat Bömermann ein halbes Dutzend Hänger produziert, die überhaupt nicht komisch waren, sondern nur dilettantisch. Ich habe der Truppe nach der Generalprobe gesagt, nach so einem Fehlstart müsse die Premiere ein voller Erfolg werden.

Der Regisseur hat immer noch nicht mitbekommen, was zwischen Bömermann und mir läuft. Gut so. Wenn der es schon nicht kapiert, werden es andere erst recht nicht merken.

Meine Frau kommt mit unseren beiden Töchtern zur Premiere. Sie hat sich über meinen Agenten Karten besorgt. Mir hat sie nichts am Telefon davon gesagt.

Ich habe der kleinen Rita eingeschärft, bei der Premierenfeier dürfe es keinerlei Vertraulichkeiten zwischen uns geben. Sie war ein bisschen pikiert deswegen.

Die Generalprobe hat's gebracht. Jetzt ist er richtig in Fahrt. Ich bin im Fechtduell aufs Ganze gegangen. Um ihn zu provozieren. Wer einmal in diese eng stehenden, wütenden Augen gesehen hat, spürt, wozu dieser Hanky fähig ist. Die vielen Texthänger habe ich absichtlich produziert, damit er denkt, ich könne meinen Text nicht und er müsse mich unterstützen.

Was für ein schlechter Menschenkenner er doch ist. Kommt davon, wenn man mit billigem Tand auf der großen Bühne seinen Handel treibt. Einen schwunghaften Handel, zugegeben, aber eines Tages wird sich erweisen, dass es eben nur Tand gewesen ist.

Um Rita tut es mir leid. Sobald seine Frau auftaucht, wird er sie fallen lassen. Zumal, wenn Presse dabei ist. Da spielt er

Die-Heilige-Familie-ist-glücklich-beieinander. Ich habe einen Reporter von der Zeitung mit den vier Buchstaben angerufen und mitgeteilt, dass sich Hanky auf einem Seitensprung mit einer hübschen Elevin befindet. Mal sehen, ob er was unterbringen kann. Wäre nicht das erste Mal, dass die sich einen Schauspieler vornehmen und ihn öffentlich abschlachten.

Ich bin in einer blöden Zwickmühle: Am liebsten würde ich die Tournee platzen lassen, aber kann es mir nicht leisten. Am liebsten würde ich wieder mit Rita zusammensein, aber die hat nur noch Augen für diesen Gnom. Am liebsten würde ich ihn aus dem Wege räumen, aber dann …

Viel Lärm um Hanky

Premierenstart mit Hindernissen. Von Friedrich Haber

Was passiert, wenn ein Comedystar ernstes Theater machen will, selbst wenn es sich um Shakespeares beste Komödie handelt. Es kommt zum Unfall. Und damit meine ich nicht die Verletzung, die ein Schauspieler, der übrigens hervorragende Kevin Bömermann, seinem Kollegen in einem nicht besonders lustigen Fechtduell beigebracht hat. (Die Premiere musste um ganze 15 Minuten unterbrochen werden, bis der verletzte Comedian wieder auf der Bühne erschien.)

Im weiteren Verlauf der Aufführung gab es immer wieder Zwischenrufe gegen Hans Kilian. »Findest du das witzig?« oder: »Hanky, nun lass mal die Sau raus!« Noch vor der Pause standen ganze Bankreihen auf, um nach Hause zu gehen, weil sie in ihren Erwartungen getäuscht worden waren... »Hanky spielt Falstaff« ist eine Mogelpackung ...

»Bin ich so schlecht?«, fragte Kilian. Er hatte sich in seine Garderobe zurückgezogen, um mit dem extra aus München angereisten Agenten in der Pause zu sprechen.

»Du bist überhaupt nicht schlecht, Hanky. Kein Gedanke dran! Aber die Truppe packt es nicht. Das Stück ist ein Langweiler ...«

»Komm, komm, hör mit dem Quatsch auf. Das kann ich jetzt gar nicht gebrauchen. Meine Schulter schmerzt so heftig, dass es mich fast umbringt. Dieser Mistkerl hat das extra gemacht. Reine Rache. Wenn es nicht so wehtun würde, könnte ich daraus Kapital schlagen, aber so muss ich alle Kraft zusammen nehmen, um die Aufführung durchzustehen.«

Der Agent hielt seinem Schützling einen Joint hin. »Versuchs mal damit, vielleicht hilft es ja.«

Kilian nahm ein paar tiefe Züge. »Warum hast du meine Frau nicht abgehalten herzukommen? Die ist doch sonst nie zu meinem Shows aufgetaucht.«

»Sie hat mir gesagt, sie findet es prima, dass du nun ins seriöse Fach wechseln würdest ...« Der Agent unterbrach sich: »Aber das wird doch wohl nur ein kleiner Ausflug sein, Hanky, oder?«

»Hast du Angst um deine Provisionen?« Auch das kleinste Lachen schmerzte den Comedian.

»Ich kann nur hoffen, dass dieser Exodus nach der Pause nicht weitergeht, sonst gibt das ganz schlechte Presse.«

Als sich der Vorhang hob, waren die Zuschauerreihen stark gelichtet. Fast die Hälfte des Publikums hatte es vorgezogen nach Hause zu gehen.

Liebeschaos auf offener Bühne

Hanky spielt mit dem Feuer

(wk) Was hat sich unser bester Comedymann wohl gedacht, als er diesen fetten, eitlen Falstaff auch noch spielen wollte. Wahrscheinlich nichts. Aber dass er jetzt mitten bei einem Seitensprung erwischt wurde, geschieht ihm recht. Ganz unvermittelt bricht die junge Schauspielerin Rita T. in Tränen aus und kann über Minuten nicht weiterspielen. Die Frau von Hanky verlässt darauf wutentbrannt mit ihren Kindern den Saal. »Das war's dann wohl!«, ruft jemand in das Theaterdunkel. Hanky ist unbeeindruckt. Und spielt bis zum Ende. Zum Schlussapplaus erscheint er mit dickem Verband, weil er sich beim Fechtduell verletzt hat. Wie wir aus gut unterrichteten Kreisen erfahren haben, hat er mit Rita T. ein Verhältnis angefangen, das wohl den Anfang eines Rosenkrieges im Hause Kilian bedeuten wird. Viel Glück, Hanky, und gute Besserung!

Intermezzo 4 (1992)

Wut im Bauch

Was heißt hier schwere Körperverletzung? Ich hab ihn geohrfeigt. Die Gelegenheit war günstig. Eine Zeitlang sah er aus wie eine rote Tomate. Er hielt sich wehleidig die Backe. Wenn schon schwere Körperverletzung, dann sehen Sie sich mal die Bilder an, wie seine Bodyguards mich zu Boden gerissen haben. Zwei Rippen gebrochen. Vier Wochen Krankenhaus. Blutergüsse am ganzen Körper. Und nur wegen einer Ohrfeige.

Ich will mich nicht verteidigen. Eine Ohrfeige kann man nicht verteidigen. Braucht man nicht zu verteidigen. Oder stellen Sie Lehrer, Väter, auch Mütter, Priester, Vorgesetzte vor Gericht, wenn ihnen die Hand ausgerutscht ist? Mal die Beherrschung verloren. Eine Ohrfeige hat jeder verdient, jeder von denen. Nein, es war kein Vorsatz. Es war die Wut. Die Wut im Bauch. Ich bin an dem Morgen gutgelaunt aufgestanden, hatte richtig lange geschlafen. Was soll ich früh aufstehen, wenn keine Arbeit auf mich wartet? Lob der Faulheit. Wir sollten uns durch Arbeit nicht die schönste Zeit des Lebens kaputtmachen lassen. Ich sag noch zu meiner Frau, dass ich in die Stadt gehe, bummeln, abbummeln, vielleicht ein paar von den Kumpels treffen, mit denen ich rumsitze. Immer das gleiche Thema: auf Reisen gehen. Jeder will hier weg. Hier erinnert alles an den Muff von vierzig Jahren, an das sozialistische Grau. Hier ist alles deprimiert. Meine Frau konnte ja nicht wissen, dass sie mich erst drei Tage später wiedersieht. Im Krankenhaus. Niemand hatte ihr Bescheid geben lassen.

Ich durfte kein Telefon anrühren. Trotz zwei gebrochener Rippen, tagelang Verhöre.

Ich merkte gleich, Sie glauben mir nicht. Obwohl ich einen Personalausweis bei mir trug. Der ist gefälscht, schrie einer von den Bodyguards. Die haben die Polizei erst rangelassen, als ich nicht mehr japsen konnte. Sicherheitspersonal, Geheimdienstler, Abwehr, was weiß ich. Vorgestellt hat sich keiner. Nicht einen Namen kenn ich.

An dem Morgen sagt einer von den Kumpels, dass er vielleicht nach Griechenland fährt. Mit dem Bus. Billiges Angebot. Auf die Inseln. Von Rückkehr hat er nichts gesagt. Entweder der Strick oder Griechenland. Wir haben gelacht: du und der Strick! Meine Frau hat mir später gesagt, er hing unterm Dachboden. Schon am gleichen Nachmittag.

Die wollten mir doch glatt unterstellen, dass ich zu einer kriminellen Vereinigung gehöre. Terrorist. Einer von diesen Typen behauptete, er habe mich auf einem Fahndungsfoto gesehen. Ich sei jahrelang untergetaucht und jetzt wieder aktiv geworden. Das führte dazu, dass ich von Zimmer zu Zimmer geschleift wurde. Bei den Schmerzen. Einmal kam ein Arzt, der sagte, Rippenbruch. Mein Gott, deswegen brauchen Sie doch nicht so zu stöhnen.

Ich plädiere nicht auf Mitleid. Keine Reue. Was solls? Ich hab es getan. 80 Millionen haben es gesehen. Meine Frau hat gesagt, sie haben es auf allen Kanälen gezeigt. In jeder Nachrichtensendung. Immer wieder. Mal schnell, dauerte ja nur ein paar Zehntelsekunden, dann in Zeitlupe. Super slow motion. Erkannt hat meine Frau mich nicht. Weil ich von der Seite kam. Die Wut, wie gesagt, diese Wut. Meine Frau hat mir ein paar Zeitungsausschnitte aufgehoben. Aber darauf bin ich auch nicht zu erkennen.

Ich bin kein Held, Herr Vorsitzender. Will es nicht sein. Keine Lust, den Märtyrer zu spielen. Ich hab mein Leben lang in diesem Scheiß-Staat mitgespielt. Da kann keiner sagen, dass ich nun plötzlich mutig bin. Sie können mich ruhig einen Feigling nennen. Von mir aus. Oder wie sollte man zu einem sagen, der siebenundzwanzig Jahre lang die Klappe gehalten hat, weil er Schiss vor der Staatssicherheit hatte?

Einmal war ich aufgefallen. Nur einmal. Lange her. Sie haben mich wochenlang bedroht, sollte eintreten in die Firma, dann würden sie die Sache fallen lassen. Damals hatte ich einen Professor an der Uni Leipzig. Er war ein alter Nazi, der jetzt in roten Socken stand. Das hab ich im Freundeskreis gesagt. Einer hat es weitergeleitet. Das kam in die Akte. Was glauben Sie, warum ich später von der Uni geschmissen wurde und mal gerade in einer Bibliothek unterkriechen durfte? Kein Aufstieg, nichts. Einmal erwischt, gebrandmarkt, abgestellt. Wie ein altes Buch, aus dem Bestand genommen. Das war mein Leben. Jetzt bin ich freier. Ohne Arbeit.

Die Ohrfeige, mein Gott, was ist das schon? Sie glauben doch nicht, dass ich Ihnen erklären könnte, warum ich das tat. Was erklärt schon die Wut im Bauch? An dem Morgen sagte einer von den Kumpels, am Nachmittag kommt der Kanzler durch. Regionalkonferenz, oder wie das hieß. Imagekonferenz, haben wir gesagt. Aufschwung Ost, sagen die, Niederschlag Ost, nennen wir's. Ich hatte keine Lust hinzugehen, wollte nicht den Jubel-Ossi machen. Aber dann. Kommt immer anders. Immer.

Wissen Sie, wie das ist, wenn Sie jemand eine Ohrfeige geben? Wie ein Witz, wie eine Pointe, ganz kurz aufgelacht. Kalt. Ein Luftzug nur.

Standen nicht mal zweihundert Leute auf dem Marktplatz.

Ich dachte, die würden mehr Leute da hinbestellen. Am Abend im Fernsehen würde es wieder eine große Menge sein. Ich wusste das. Haben die bei unseren werten Genossen auch gemacht.

Sie rauschen heran mit ihren schwarzen Limousinen. Vorne Blaulicht, hinten Blaulicht, hohes Tempo.

Der Kanzler steigt aus. Dünner Applaus. Er geht er aufs Rathaus zu. Wir rufen noch: *Wir sind das Volk, aber wer bist du?* Ein paar schwingen schwarzrotgoldene Fähnchen. Wo die schon wieder herkamen? Der Kanzler hält an. Dreht sich um. Geht an die Absperrung. Sein Lächeln milde. Er knöpft sein Jackett zu. Ich stand ganz vorne. Er schüttelt Hände.

Als er mir seine Hand hinstreckt, habe ich ihn geohrfeigt.

Was soll ich sagen?

Ich nehme jede Strafe an, die ihr rotes Gesetzbuch vorsieht, Herr Vorsitzender. Aber schwere Körperverletzung war das nicht. Er ist doch gleich ins Rathaus zum Empfang gegangen. Während ich am Boden lag und jede Menge Tritte einstecken musste.

Unsere Klassiker

PADDY darf nicht sterben

Ein Krimi in drei Stimmen aus Irland

George ist unmöglich. Hat in unserer letzten Absteige was vergessen. Mal wieder. Was ist es dieses Mal? Das Plastikhähnchen. Das heißt, wir müssen den ganzen Tag in Galway rumlaufen, um ein Plastikhähnchen zu finden. Welcher Laden hat das noch im Sortiment?

Mit so einem Partner bist du verraten und verkauft. In Mallow hat er einen Lackschuh liegen lassen. Einen Schuh, warum nicht zwei? Was das wieder alles kostet.

Jetzt ist es ein Plastikhähnchen. Wir könnten natürlich auch ein richtiges Hähnchen nehmen, aber das gab immer so eine Sauerei. Außerdem roch es. Ich kann den Geruch von Hähnchen nicht ausstehen. Schließlich bin ich seit Jahren Veganerin.

Eines Tages vergisst George noch, unsere Requisiten einzupacken. Dann wird es endgültig Zeit, sich voneinander zu trennen.

28 Jahre das gleiche Stück. Verdammte 28 Jahre. Seit ich 25 bin, hab ich nichts anderes gespielt. Am Anfang war Fred mein Partner, danach Patrick und seit fast 20 Jahren George. Er hatte gerade nichts zu tun. Und irgendwie fand ich ihn komisch. Ist aber lange vorbei. Wenn ich dem abends vor der Show nicht einen Witz erzähle, kommt er gar nicht in Fahrt. Der lacht weniger als unser Prime Minister und der ist schon eine alte Kommode.

Wenn ich könnte, würde ich George heute noch austauschen. Aber es gibt keinen anderen, der bereit ist, in die Nummer einzusteigen. Hab mich schon umgehört in Kollegenkreisen. Heimlich natürlich. Nichts zu machen. Bei der Gage schon gar nicht. Manchmal haben wir am Abend nicht mehr als 50 €. Es gibt Tage, da sind es auch schon mal 100 €, aber das kommt in den letzten Jahren immer seltener vor.

Nächste Woche haben wir Jubiläum, genau auf den Tag 20 Jahre. Das feiern wir im Simon Ryan Theatre in Tipperary Town. Wahrscheinlich hat George den Termin längst vergessen. Er ist so was von einem Schussel geworden, kommt von der vielen Sauferei.

Wie kann ein Mensch soviel Glück haben? Meine Kollegen beneiden mich, wirklich. Alle, mit denen ich gesprochen habe, sagen: George, du hast es drauf. Nicht wegen Rose, nein, weil ich einen prima Job habe. Um Rose beneidet mich keiner. Die hat die Haare auf den Zähnen, die ihr am Kopf fehlen. Kleiner Scherz. 20 Jahre mit dem gleichen Stück unterwegs. Und immer ausreichend Termine gebucht, fürs nächste Jahr haben wir schon fünf Abende im Kasten. Nicht gerade das Abbey Theatre in Dublin, aber ganz renommierte Läden. Was soll ich mehr sagen: Ich bin ein Glückskind.

Als ich Rose kennenlernte und sie mir die Rolle anbot, dachte ich, wie will dieses junge Ding eine alte Schachtel von 90 Jahren spielen. Aber als ich sie dann gesehen hab, Donnerwetter, mit einer Perücke und ein bisschen fettiger Schminke und schon passte es. O.k., so viele Sätze hat sie ja nicht zu sprechen. Und immer in der gleich distanziert ehrwürdigen Haltung. Die Lacher hab ich. Ganz selten mal, dass jemand über einen Satz von Rose lacht. Kommt nur alle Jubeljahre vor.

Deswegen ist Rose natürlich sauer. Was meinen Sie, warum die Veganerin geworden ist? Damit sie dauernd Aufmerksamkeit abzockt. Besonders von mir. Nein, das esse ich nicht, nein, das auch nicht, und so weiter ... Jedes Mal, wenn wir auf Tour essen gehen, gibt's dieses Gezeter.

Was die sich wegen dem Hähnchen angestellt hat. Es musste unbedingt aus Plastik sein. Ich habe versucht ihr klarzumachen, dass ich das Hähnchen nach der Show immer gerne gegessen habe, das wurde uns ja meist vom Veranstalter geschenkt – ein bisschen den Staub abputzen und schon ... aber nein, kein richtiges Hähnchen mehr für den guten George. Ob ich nicht von diesen Massentiervernichtungsanlagen gehört hätte, hat Rose mir entgegen geschleudert.

O.k., man kann nicht alles haben: 25 Jahre als freier Schauspieler in Irland zu überleben, das muss mir erst mal einer nachmachen. Dafür muss ich Rose ertragen. Die kann so was von ätzend sein, da könnte sich Salzsäure noch ein Beispiel dran nehmen.

Heute Abend spielen wir auf dem 90. Geburtstag von Mary Mulligan. Der Termin steht schon seit drei Monaten. Ein Plastikhähnchen haben wir auch gekriegt, €4.99. In so einem China-Laden. Ich habe George gesagt, dass ich ihm das von der Gage abziehen muss. Er hat großspurig abgewinkt.

Wenn er nur nicht dauernd seinen Text vergessen würde. Wie oft hab ich ihm angeboten, kurz vor dem Auftritt noch mal schnell einen Durchlauf zu machen. Nicht mit George. Besonders die Stelle: I'll kill that cat. Er trinkt aus der Blumenvase und soll sagen: I'll kill that cat. Was ist daran so schwierig? Und was sagt George: I'll kill that bird. Oder: I'll kill that dog. Einmal hat er gesagt: I'll kill that rose. War natürlich als Spitze gegen mich gemeint. Er fand das witzig. Ich nicht. Das Publikum schon überhaupt nicht.

Man darf ja nichts, aber auch gar nichts an der Nummer ändern. Das kommt nicht gut. Unser Publikum kennt jede Zeile, jede Betonung, jede Geste. Bis ins Kleinste. Was haben wir in den zwanzig Jahren nicht alles versucht, um dem ganzen Abend mehr irischen Touch zu geben. Mal haben wir die Namen irischer Schauspieler oder verstorbener Sportler genommen, oder Schriftsteller: James Joyce, Samuel Beckett, Patrick Kavanagh und Brendan Behan. Dachten, die kennt doch jedes Schulmädchen. Nichts da, immer nur Mister Pommeroy, Admiral von Schneider und und und …

Einmal in Wicklow ist George so dämlich über den Tigerkopf gestolpert, dass er mit der Schulter an der Anrichte aufschlug. War natürlich mal wieder sturzbetrunken. Ich hab gedacht, jetzt muss er endlich kapieren, dass er während der Nummer total nüchtern bleiben muss. Was glauben Sie, was in den vielen Flaschen ist? Sherry, Weißwein, Champagner, Port? Ne, da ist nur Wasser drin. Oder mal Tee, aber nie Alkohol. Das kontrolliere ich jedes Mal vor der Show. George würde das natürlich prima finden, wenn da was Hochprozentiges drin wäre. Wenn er mal anfängt zu trinken …

Rose möchte in Tipperary feiern. 20 Jahre »Dinner for one« mit Rose Miller und George Benson – ihr Name muss ja immer vorne stehen. Sie führt auch die Verhandlungen mit den Theatern und Privatleuten, wenn wir auf einem Geburtstag auftreten oder bei einer Hochzeit, bei einer Betriebsfeier oder einem Jubiläum. Und immer lässt sie sich runterhandeln, aber ich sage schon lange nichts mehr, das ist ihre Sache. Hauptsache, ich bekomme mein Taschengeld. Damit bin ich immer noch ausgekommen. O.k., die abendlichen Lacher bei unserer Nummer entschädigen mich für vieles.

Manchmal, wenn ich mal eine Textstelle vermasselt habe, dann schäkere ich mit dem Publikum. Wenn ich ihnen zuzwinkere, sind sie gleich auf meiner Seite und denken, ich hätte den Fehler absichtlich eingebaut. Rose könnte das gar nicht, die muss sich stur an ihre Zeilen halten. Und auch wenn sie sagt: »The same procedure as every year« – dann klingt das immer 150% gleich. Genau wie bei Mary Warden, dem Vorbild aus der Glotze.

Ich hab ihr Dutzend Mal gesagt, Miss Sophie trinkt doch auch mit, immerhin in kurzer Zeit vier Gläser, also musst du wenigstens ein bisschen lallen, sonst bist du nicht glaubwürdig und einen Lacher kriegst du bestimmt auch. Aber nein, keinen Millimeter weicht sie ab. Ihr ist ja nicht mal aufgefallen, dass Miss Sophies Gäste nur was zu trinken, aber nichts zu essen bekommen.

O.k., sie ist eben der *straight man* in der Nummer und ich gebe den *comedian* – klar, dass Rose seit Langem einen Piek auf mich hat.

Manchmal könnte ich sie auf den Mond schießen, wenn sie mal wieder einen Tag der Belehrung durchführt. So nenne ich das. Wenn ihr dieses und jenes an mir nicht passt, wenn ich mal wieder alles falsch gemacht habe, wie die Sache mit dem Plastikhähnchen. Schon gleich im ersten Chinaladen konnten wir das Vieh kaufen. Aber Rose hackte den ganzen Tag darauf rum. Als wenn ich eine Todsünde begangen hätte.

Rose, Rose, wie lange soll ich mir das noch bieten lassen?

Na gut, das 20-Jährige bringen wir noch hinter uns, dann bringe ich dich um.

Der Auftritt bei Mary Mulligan war die reinste Katastrophe. Schon gleich zu Beginn hat George mich mit Miss Rose an-

gesprochen anstatt mit Miss Sophie. Was die Geburtstagsgäste ziemlich irritiert hat. Das wird George mir büßen müssen.

Er hatte den ganzen Nachmittag beim Greyhound-Rennen verbracht und kam kurz vor dem Auftritt strahlend zurück, mit einer Fahne, die für den Nationalfeiertag gereicht hätte. 85,50 € Gewinn hatte er gemacht. Von dem Geld wollte er mir nichts abgeben. So ist George, geizig bis auf den letzten Cent.

Wir kamen an die Stelle, wo Butler James über den Tigerkopf stolpert und das Hähnchen in die Kulisse fliegt. Flog es aber nicht. Sondern haarscharf am Kopf der 90-jährigen Jubilarin vorbei und es landete im Kinderwagen ihres Urenkels. Der sofort losbrüllte. Nur die alte Dame schien das nicht zu stören.

Es dauerte eine Weile, bis wir weiterspielen konnten.

Und dann sagt George doch glatt: »I declare this brothel open.« Und rülpst ganz vernehmlich. Die Männer haben gegrölt vor Lachen. Ein Basar ist doch kein Puff, oder? Ich war stocksauer.

Als wir unsere Gage abholten, sagte die älteste Tochter der Jubilarin, immerhin auch schon siebzig, das Geburtstagskind habe vergessen, ihr Hörgerät einzusetzen. Die anderen hätten sich aber prima amüsiert.

Nichts da, George, hab ich gesagt, als wir wieder allein waren. So eine Nummer ziehst du nicht noch mal ab. Nicht mit mir, so wahr ich Rose Miller heiße.

Ich hab einen Plan, um mich an ihm zu rächen: Ich werde in alle Flaschen Whiskey einfüllen. Dann wollen wir doch mal sehen, ob der Bühnenprofi George Benson den Auftritt übersteht. Und einen kleinen theatralischen Höhepunkt hab ich mir auch noch ausgedacht. Zu unserem Jubiläum.

Jedem, der es hören wollte oder auch nicht, hat George einen Spruch erzählt, den er in der Herrentoilette eines Pubs in Tipperary gelesen haben will: »Flush fully, it's a long way to the kitchen!«

Der Announcer-Man klopft aufs Mikro und kündigt den Höhepunkt des Abends an: »Rose Miller und George Benson feiern heute Abend im Simon Ryan Theatre ihr 20-jähriges Bühnenjubiläum und Sie dürfen dabei sein. *Give them a warm hand, please.*«

Musik erklingt. Butler James stellt die abwesend-anwesenden Gäste vor, Miss Sophie schreitet die Treppe hinunter, setzt sich auf ihren erhöhten Stuhl, bestellt die Mullygatawny Soup und ordert den Sherry.

Rose beobachtet ihren Partner, verfolgt genau jede Bewegung. Er serviert die Suppe und den Sherry, vergisst auch nicht, wie schon so manches Mal, dass Mister Pommeroy immer gerne nachgeschenkt haben will.

Dann prostet er Miss Sophie zu. Viermal. Ohne auch nur eine Miene zu verziehen. Einmal leckt er sich über die Lippen.

»The same procedure as every year, James!«, sagt Miss Sophie und lässt den Fisch auftragen.

»White wine with the fish!« – Jede Zeile, jede Betonung, jede Geste stimmt.

Stolpern, Fisch auftragen, Weißwein einschenken.

George setzt das erste Glas an und sagt: »Das ist kein Weißwein, Miss Rose, das ist Paddy Whiskey, das schmecke ich sofort.«

Er starrt seine Partnerin an, offensichtlich begeistert über dieses Geschenk zum Jubiläum.

Dann wendet er den Kopf zum Publikum, das entgegen

allen Erwartungen in Beifall ausbricht und eine Lachsalve folgen lässt.

Wenn George als Admiral van Schneider die Hacken zusammenschlagen muss, tut er immer so, als habe er sich wehgetan. Genau wie Freddie Frinton. Diesmal nicht. Dieses Mal macht er es formvollendet. Der Whiskey beginnt zu wirken.

Das Hähnchen wird aufgetragen, dazu *champagne.*

»Heute schmeckt alles nach Paddy – *sheers*«, ruft George ins Publikum. Der Saal in Tipperary ist zwar nur halb gefüllt, was der Manager am Beginn des Abends außerordentlich bedauerte, aber der aufbrausende Beifall lässt die beiden Schauspieler das längst vergessen.

George erinnert jede Zeile. *»I'll kill that cat!« – »I declare this bazar open!« »You are the nicest woman ...«*

»Some fru-it?« Nun merkt auch das Publikum, das George erheblich einen in der Krone hat. Sein Stolpern wird gefährlicher – die Portweinflasche mit dem hochprozentigen Inhalt gerät außer Kontrolle – Miss Sophies Kleid bekommt einige Spritzer ab – in die Gläser der abwesenden Gäste gelangen kaum noch ein paar Tropfen ...

Plötzlich zieht Rose Miller eine Pistole hervor und zielt auf George.

Ein Aufschrei geht durch den Theatersaal.

George deklamiert spontan einen Zweizeiler.

»In South and North, in East and West
Paddy Whiskey is the best!«

Dann kracht ein Schuss.

Der Vorhang fällt.

Das Publikum tobte. Noch nie hat es einen solch langen Applaus gegeben. Ich musste immer wieder raus und mich verbeugen. Der Manager kam, nahm meine beiden Arme und riss sie in die Höhe, als hätte ich gerade eine Goldmedaille errungen.

Irgendwann kam auch George raus. Auf allen vieren. Die Zuschauer spendierten eine standing ovation.

George schaffte es auf die Knie. Er hielt sich die rechte Schulter. Dort hatte mein Plastikgeschoss ihn erwischt. Hätte ins Auge gehen können, das gebe ich zu. Ist aber noch mal gut gegangen.

Der Manager vom Simon Ryan Theatre fragte, ob wir am nächsten Wochenende nicht zweimal auftreten könnten. Die Karten würden bestimmt schnell ausverkauft sein. Wir hatten keine Termine in unserem Kalender stehen und sagten zu.

George hat bis heute nicht begriffen, wieso in den Flaschen Paddy Whiskey war. Ihm hat es Spaß gemacht und er fragte nur, was dieser Quatsch mit der Pistole sollte. Immerhin hat es ihn um die Schlusspointe gebracht. »I'll do my very best!« fällt jetzt aus. Für immer. Der letzte Lacher gehört mir. Und das ist auch gut so. Was wäre aus George Benson geworden, wenn er mich nicht getroffen hätte?

Am nächsten Wochenende saßen Vertreter von Cork Distillers im Publikum. Sie hatten sofort von unserem Auftritt erfahren. Nicht nur die Zeitungen waren voll davon, wir waren auf jedem Kanal zu sehen. Wir mussten erzählen, wie wir auf den Einfall gekommen sind. Rose tat so, als habe sie das alles eingefädelt. Aber gespielt hab doch ich, oder? O.k., sie will immer die Nase vorne haben. Meinetwegen. Hauptsache, sie quatscht mir nicht in meine Rolle rein. Und gibt mir genügend Handgeld fürs Greyhound-Rennen.

Die Produzenten von Paddy Whiskey kamen nach der

Show in die Garderobe und sagten, wenn wir weiterhin ihr Getränk in der Nummer anpreisen würden, besonders gefallen hat ihnen natürlich mein kleiner Zweizeiler, dann würden sie den Abend sponsern. Pro Auftritt € 1.500. Als erstes würden sie uns auf eine Tournee durch Irland schicken. 20 Städte, nur die großen Häuser. Da konnten wir natürlich nicht nein sagen. Per Handschlag wurde das gleich abgemacht. Dieses Mal hab ich die Verhandlungen geführt. Rose blieb die Spucke weg, wie ich noch ein paar Zusatzpunkte rausgeschlagen habe. Zum Beispiel zwei Roadies, die für uns die Kulissen auf- und abbauen werden.

Rose hat nie erfahren, dass ich gleich beim ersten Ansetzen des Glases von Mister Pommeroy geschmeckt habe, dass Paddy drin ist. Ab da hab ich mir nur noch die Lippen benetzt mit dem wunderbaren Gesöff. Kam ja nur eine in Frage, die das Wasser in Whiskey verwandelt hatte: Rose. Und der Grund war auch leicht zu erraten. Sie wollte mich demütigen. Aber den Spaß hab ich ihr verdorben. Als dann das Publikum so irrsinnig auf die Nummer einstieg, hab ich dem Affen Zucker gegeben und bin getorkelt bis zum letzten Applaus. Wer das als Schauspieler nicht kann, hat auf der Bühne nichts zu suchen.

Als sie plötzlich die Pistole rausholte und auf mich zielte, ist mir schon ein bisschen schummrig geworden. Immerhin hatte Rose ja auch ein paar Whiskeys getrunken, anstelle des üblichen Wassers. Aber ich dachte, wenn sie mich umnietet, dann war's das eben. Bis dahin hatte ich nur Glück in meinem Leben. Auf offener Bühne niedergeschossen zu werden, ist was für den Nachruhm. Ich möchte doch nicht so vergessen werden wie Lauri Wylie, der in den zwanziger Jahren »Dinner for one« geschrieben hat.

Nun touren wir für Paddy Whiskey und haben jeden Abend die Bude voll. Das Stück heißt jetzt aber anders: **»Dinner for Paddy!«** Und Tantiemen für die neue Fassung krieg ich auch noch obendrauf.

Kleinenkamp Blues

Ein Krimi in zwei Stimmen aus der Provinz

»Hier ist es so idyllisch, hier müsste mal ein Mord geschehen!«

Mitten hinein in die Kaffeerunde unterm Kirschbaum fiel dieser Satz. Der Gast aus Berlin machte dabei ein Geräusch, als wäre eine von den dicken süßen Kirschen in sein Likörglas geplumpst. Da keiner am Tisch eine Reaktion zeigte, hob er sein Glas, um einen Toast auszusprechen. »Auf das Landleben! Wenn es denn ein Leben ist.«

Was hat den Gastgeber bloß bewogen, diesem bleichen Hauptstädter für einen Monat seine Wohnung anzubieten?, dachte Herbert, der Dienstälteste im Dorf.

»Ein Freund und Kollege von mir will mal richtig abschalten, um in Ruhe seinen Roman zu beenden. Ist ein witziger Typ, wird euch gefallen«. So war er ihnen angepriesen worden.

Was soll an dem denn witzig sein?, dachte Elisabeth, die mit ihren 75 Jahren noch immer das Tanzbein schwang. Sie mochte den freundlichen Bremer, der alle paar Wochen für wenige Tage hier im Dorf wohnte, aber diesen Protz aus der Großstadt hätte er nicht mitbringen müssen.

»Ich arbeite an einem Dorfroman, 1000 Seiten Minimum, die ganze Welt auf einem Quadratkilometer, wird ein Bestseller werden, davon könnt ihr ausgehen!«

Aber lesen werd ich den nicht, dachte Isolde, die gerne in Klassikern schmökerte und auch einen guten Krimi nicht verschmähte.

»Wie viele Seiten haben Sie denn schon geschrieben?«, wollte Egon wissen, der für türkische Metzger Schafe züchtete.

In diesem Augenblick verstummte der Schriftsteller und sah seinen Kollegen an, der für ihn antwortete: »Hanno hat eine kleine Schreibblockade, aber hier auf dem Lande, in dieser guten Luft und mit euch als nette Nachbarn, wird es nur ein paar Tage dauern – dann legt er los.«

Dieser Hanno hat mir gleich gefallen. Endlich mal ein richtiger Kerl. Von wegen die Männer sind Jäger. Nur weil sie ab und zu mit einem Gewehr in den Wald rennen. Unsere Männer hier sind nicht mal Sammler. Kein Mumm in den Knochen und schon gar nichts Brauchbares zwischen den Lenden. Egon zum Beispiel. Ein Schlappschwanz in der ersten Bedeutung des Wortes. Und Herbert, der von seiner wilden Jugend schwärmt, damals will er jedem weiblichen Wesen den Rock ausgezogen haben. Aber heute? Fehlanzeige, Nullsummenspiel.

Hanno ist da ein anderes Kaliber. 40 Jahre und gut gebaut, was sag ich, gut bestückt und auch willig, sich auf ein schnelles Abenteuer einzulassen.

Ich hab mir den beim Kaffeetrinken genau angesehen. Gleich Augenkontakt zu ihm aufgenommen. Augenkontakt ist wichtig. Wer darauf nicht reagiert, ist bei mir unten durch. Ich schaue meine Opfer immer ganz direkt, angeregt erotisch an. Hier in Kleinenkamp reagiert da keiner mehr. Was soll ich auch von denen noch erwarten?

Aber bei Hanno hat's gleich gefunkt. Was sag ich, es hat gezündelt. Ich hab mit mir gewettet. Sobald sein Freund abgezogen ist, krieg ich den Schriftsteller zu spüren. Hab die Wette gewonnen.

Wie er von Berlin schwärmte. Hab mich richtig geschämt, dass ich in Kleinenkamp versauere. Was der alles von der Welt gesehen hat. Ich war gerade einmal in Kopenhagen und Basel. Welche tollen Projekte er schon gemacht hat. Ich kann auf vierzehn Paar Wollsocken und sechs Pullover zurückschauen. Die meisten liegen im Schrank meines Mannes. Sind nicht seine Farben, sagt er immer.

Mein Mann, auch so eine Kleinenkämper Flasche. Ist Lastwagenfahrer. Zwischen Bensersiel und Überlingen. Sechs Tage die Woche unterwegs, dann kommt er zum Ausschlafen und Wäschewechseln nach Hause. Ich hab sturmfreie Bude. Was Hanno erfreut registrierte.

Gleich nach unserer ersten heftigen Nacht hat er mir gestanden, dass er ausschließlich mit verheirateten Frauen könne. Die anderen würden zu sehr klammern. Weil er doch so ein berühmter Mann sei.

Hanno Sonneborn, ich hab den Namen gegoogelt. Und siehe da, der Mann ist wirklich eine Größe. Auch wenn sein letzter Roman schon mehr als ein halbes Dutzend Jahre zurückliegt.

Schade, dass es so mit ihm enden musste. Verdient hat er das bestimmt nicht. So wie der gevögelt hat.

Hanno hatte sich in der Wohnung seines Freundes den Platz ausgesucht, von dem er weit übers Land schauen konnte. Am Horizont eine kleine Allee mit hochgewachsenen Eichen, zwei Bauernkaten inmitten eines großen Feldes, zu denen wiesengesäumte Wege führten. Der blaue, wolkenlose Himmel machte die Idylle vollkommen.

Wo, wenn nicht hier, würde er seinen Dorfroman schreiben können. Das erste Personal hatte er auch schon.

Dieser Herbert war eine Marke, dem würde er eine Rolle als Geheimdienstler im Ruhestand auf den Leib schreiben, der sich in dieses Dorf zurückgezogen hatte, um seinen neidischen Kollegen zu entgehen. Ein Mann mit vielen Gesichtern.

Dieser Schafzüchter Egon würde auch auftauchen. Als Gegenspieler des englischen Geheimdienstlers, der alle Leichen in seinem Keller mit Namen nennen kann.

Dazwischen die schöne Ilsebill. Die Frau aller Männerträume, deren erotische Fähigkeiten …

Ein seltsamer Geruch stieg Hanno in die Nase. Waren das die Ausdünstungen der letzten Alkoholschlacht?

Er schnüffelte. Unangenehm, durchaus unangenehm.

Gerade in seinen schönsten Planungen. Ilsebill, eine Frau, die wusste, wo es lang ging. Die nicht lange fackelte. Die jeden dieser Dörfler schon ausprobiert hatte. Verheiratet mit einem Mann, der nur am Wochenende kam. Die gerne strickte und keine Gerichtsshow oder Daily Soap ausließ.

Hanno stand von seinem Schreibtisch auf.

Öffnete das Fenster.

Der Geruch wurde zum Gestank.

Gülle, verdammt!

Dann sah er auch schon den Trecker. In hohem Bogen flog die Scheiße auf das abgeerntete Feld.

Direkt vor seinem Fenster, mitten hinein in die schöne Aussicht.

Die Glasscheibe erzitterte, als Hanno Sonneborn das Fenster zuknallte.

Den Tag kann ich vergessen.

Er schaltete den Computer aus, schnappte sich den Autoschlüssel.

Weg hier, nur weg!

So ein Gestank kann die besten Einfälle ruinieren.

Er würde sich in der nahen Kleinstadt Bassum in ein Café setzen und von Ilsebill träumen. So würde sie in seinem Roman heißen, in Wirklichkeit hieß sie Sibille. Mit zwei i, wie sie betonte.

Eigentlich fing alles mit einem Malheur an. Gülle, so weit die Nase riechen konnte. Jedes Jahr stinkt unser Dorf, was sag ich, das ganze Umland.

Aber diesmal war es schlimmer. Denn es war Schützenfest.

Ein kompletter Güllewagen war ausgelaufen, direkt neben dem Festzelt. Hatte wahrscheinlich wieder einer im besoffenen Kopp nur mal einen kleinen Zwischenstopp am Zapfhahn machen wollen und seinen Scheißetanker dort auslaufen lassen.

Die Aufregung war riesig. Das höchste Fest des Jahres musste abgesagt werden.

Kann mich noch gut erinnern, wie sie alle da am Tankwagen gestanden haben. Bedröppelt, zerknirscht. Wollte natürlich wieder mal niemand gewesen sein.

Hanno machte Fotos. Was nicht jedem gefiel.

Er solle die Kamera wegnehmen, wurde er angemault. Dabei hat er ihnen doch gar nichts getan.

Ich konnte ihn nicht verteidigen, sonst hätten die Nachbarn gleich wieder getuschelt. Wollte nicht, dass unsere kleine Amoure sofort zum Dorfgespräch wird.

Ich hatte Hanno erklärt, wie er mich nachts besuchen kann, ohne dass die anderen etwas mitbekommen. Hinter unserem Haus liegt ein kleines Waldstück. Ziemlich dichtes Dickicht. Vom letzten Buschwerk zu meiner Küchentür sind es nur ein paar Meter. Da müsste sich schon jemand auf die Lauer legen, um mich auszukundschaften.

Der Zeltwirt hat vielleicht getobt. Der schöne Umsatz perdu. Das Zelt wieder abbauen lassen. Nur Kosten, Kosten, Kosten und nix verdient. Am liebsten hätte er den Holzhammer, mit dem er die Fässer anschlägt, auf den Kopf des Übeltäters sausen lassen.

Aber es kam nicht raus, wer den Güllewagen am falschen Ort entleert hatte.

Es müsste ein Unfall sein oder jedenfalls wie ein Unfall aussehen, dachte Hanno. Irgendwas, das die Dorfbewohner in Aufregung versetzt. Ein Mord, ein vorgetäuschter Mord, ein Kapitalverbrechen, eine Riesensauerei.

Alle Schafe des Züchters brutal massakriert.

Damit könnte der Roman anfangen. Und dann die Reaktionen der Dörfler, wie sie mit dem Unglück des Nachbarn umgehen. Dadurch könnten sie gleich zu Beginn charakterisiert werden. Wie Ilsebill ihr gesamtes Erspartes anbietet, um dem Schafzüchter aus der Verlegenheit zu helfen. Wie Herbert sich lautstark Luft macht und sagt, er hätte wegen der blöden Blökerei nachts nie schlafen können. Wie die ersten Verdächtigungen ausgesprochen werden. Wie Egon selbst in Verdacht gerät, die Schafe getötet zu haben, um eine Versicherungsprämie abzugreifen …

So war es Hanno Sonneborn immer gegangen, er hatte die besten Einfälle der Welt, aber wenn es darum ging, sie in Worte, Sätze, Kapitel zu fassen, versagten ihm die Finger.

Auch wenn Sibille ihm jede Nacht neuen Mut machte. Er könne ihr doch die Geschichte erzählen, sie würde sie dann für ihn festhalten. Oder so ähnlich.

Glücklicherweise lag nun die Güllerei hinter ihm. Kein Gestank nirgends. Nur noch Idylle pur.

Aber geschrieben hatte er noch keine zwei Seiten.

Es musste etwas geschehen, dass er endlich loslegen konnte.

»Ich bin schon mittendrin«, sagte er zu seinem Gastgeber, als der ihn nach ein paar Tagen anrief. »Läuft bestens. Nochmals vielen Dank für die Überlassung der Wohnung. Ich werde mich erkenntlich zeigen. Ein gewidmetes Buch ist jetzt schon für dich reserviert.«

Wütend warf Hanno Sonneborn das Handy auf das Sofa.

Er brauchte einen Sturm, um endlich anfangen zu können.

Sein Agent hatte ihm eine letzte Frist eingeräumt. Und die lief in sechs Wochen ab.

Dorfroman, tausend Seiten. Vielleicht taten es ja auch achthundert. Nicht den Mut verlieren, sagte Sibille, das wird schon noch. Sie fasste sein erschlafftes Glied, bereit für ein *action replay*. Hanno war nicht abgeneigt.

Es war ein riesiger Schock für Friedhelm, dass seine Kühe sich davon gemacht hatten.

Friedhelm ist der größte Bauer in Kleinenkamp. Hat diese schottischen Hochland-Rinder und macht gutes Geld. Im Bett allerdings … Da hab ich die Hoffnung schon längst aufgegeben.

Friedhelm ist wie jeden Morgen rausgefahren, um seine Herde zu melken. Aber kein einziges Stück Rindvieh war mehr vorhanden. Stattdessen ein gekappter Elektrozaun, ritsch-ratsch durchgeschnitten. Und ein paar Hufspuren.

War ihnen wohl zu langweilig geworden, hab ich gleich gedacht.

Wohin waren Friedhelms Kühe verschwunden?

Die Suche dauerte ein paar Stunden. Das ganze Dorf hat sich beteiligt. Auch Hanno war dabei. Hat wieder ein paar Fotos gemacht.

Er war es auch, der die Rinder entdeckt hat.

Die waren ins nächstgrößere Dorf nach Mittelkamp gezogen und wollten mal schauen, ob dort mehr los ist.

Anschließend gab es ein Besäufnis. Auf das Wohl der Rinder und den glücklichen Finder. Mit glasigen Augen hat Hanno gesagt, dass er sich ausgesprochen wohl fühle in unserer kleinen Gemeinschaft.

Es geht nicht. Es geht nicht. *Rien ne va plus.* Ich krieg den Motor nicht gestartet. Immer wenn ich ein paar Seiten habe, drücke ich die Löschtaste. Schwachsinn, einen Dorfroman in einem Dorf zu schreiben. Wenn Sibille nicht wäre … Sie kann nicht nur stricken, sie kann auch prima kochen. Ich weiß gar nicht, was der Lastwagenheini an ihr auszusetzen hat. Sie könnte die ideale Muse sein, wenn ich nur endlich …

Hanno Sonneborn streckte sich in der Hängematte aus. Diesen Platz liebte er besonders. Er hatte ein paar dicke Romane mitgebracht. Von hochmögenden Kollegen. Vielleicht fand er ja darin eine brauchbare Idee.

»Na, bei der Arbeit?« Egon stoppte sein Moped und schaute über den Gartenzaun.

»Recherche«, antwortete Sonneborn und hielt den Wälzer eines amerikanischen Autors hoch.

»Dann viel Spaß!« Sonneborn überhörte den spöttischen Unterton in Egons Bemerkung.

Eine halbe Stunde später war es Herbert, der ihn aufstöberte.

»Wieder bei der Recherche, Herr Sonneborn?«

Hanno winkte ihm zu.

»Viel Erfolg!«, kam es von Herbert, der auf seinem Fahrrad in Richtung Dorfkneipe davonbrauste.

Sonneborn schnappte sich die Bücher, holte die Hängematte ein und verkroch sich in die Wohnung.

Noch sechs Stunden bis zum nächtlichen Abenteuer. Es gab eine Reihe von Stellungen, die er mit Sibille ausprobieren wollte.

Er schaute auf den Bildschirm seines Computers.

Da stand in einer fetten Arial-Black-Schrift:

Hau blos ab!

Was hatten wir für tolle Pläne. Hanno meinte, er wolle ein paar Jahre in New York leben und ich sollte auf jeden Fall an seiner Seite sein. New York, meine Traumstadt. Ich hätte auch nichts dagegen gehabt, wenn wir zusammen nach Berlin gezogen wären.

Ich spürte, dass es Hanno nicht leicht fiel, längere Zeit in Kleinenkamp zu verbringen. Nicht nur, weil er mit seinem Roman nicht vorankam. Sondern weil es hier eben stinkt. Und zwar vor Langeweile.

Wissen Sie, wie Langeweile riecht? Schlimmer als alte Socken und Pferdepisse.

Hanno sagte, Kleinenkamp könnte er sich schon als Ort für seinen Roman vorstellen und sicher würde ich auch eine tragende Rolle darin spielen. Wäre kein Problem. Aber die anderen, hat er gesagt, die anderen tausche ich aus. Die bringen nichts.

Hat er natürlich Recht. Schließlich ist er der Schriftsteller, der muss es wissen. Könnten Sie sich Herbert oder Egon oder sogar Friedhelm in einem Roman vorstellen? Ich nicht.

Als Hanno mir erzählte, was plötzlich auf seinem Bildschirm zu lesen war, hab ich gleich gesagt: Du wirst es in besoffenem Kopp selbst hingeschrieben haben. Wer im Dorf sollte denn in der Lage sein, da was unbemerkt einzutippen?

Ich weiß, wie man bloß schreibt, hat Hanno erwidert.

Das Rätselraten begann.

Am folgenden Sonntag setzte eine Völkerwanderung ein. Die ersten kamen schon kurz nach vier Uhr. Hupten, johlten, hatten laute Techno-Musik dabei. Andere waren in seidene Tücher gewandet und beteten den Sonnenaufgang an.

Als das Dorf erwachte, waren mindestens schon 500 Leute da.

Jeder versuchte, den Grund dieser Invasion herauszufinden.

»In Hermanns Maisfeld ist ein gigantisches @ gefräst. Und keiner weiß, wie das geschehen konnte«, sagte Friedhelm. »Mir haben sie schon den Acker zertrampelt. Verdammte Bande!«

Herbert und Egon riefen die Polizeistation an, aber die war am Wochenende nie besetzt. Als dann eine Hundertschaft aus der Stadt eintraf, es war so gegen elf Uhr, war es viel zu spät.

Die Menge war auf mindestens dreitausend angewachsen. Einige von ihnen kamen direkt aus der Disco und wollten die Riesenparty auf dem Lande nicht verpassen.

Flashmob, erläuterte Hanno, die verabreden sich heutzutage per Twitter und Facebook. Schneeballsystem. Mitten im Sommer.

Das riesige @-Zeichen war am besten aus der Luft zu sehen. Deswegen kreisten noch vor dem Mittagessen Hubschrauber und Sportflugzeuge über Kleinenkamp.

Als ein Truck mit übergroßen Lautsprecherboxen mitten ins Dorf fuhr, nahmen die Einwohner Reißaus. Jedenfalls die meisten.

Nur Sibille und ihr Mann, der Lastwagenfahrer, standen am Feldrand und wippten im Takt der dröhnenden Musik.

Kurz vor der Abenddämmerung begannen die meisten Raver, sich zu entfernen.

Exodus.

Hanno Sonneborn wurde da schon nicht mehr gesichtet.

Wie gesagt, er hat es nicht verdient gehabt. Natürlich kann das alles auch ein Unfall gewesen sein. Aber jemand muss den Holzdeckel ja weggezogen haben.

Ich weiß noch, wie unser netter Bremer ihm nach dem ersten Kaffeetrinken erklärt hat, dass er auf keinen Fall mit dem Wagen über den Holzdeckel fahren dürfe. Der sei ein wenig morsch. Darunter befindet sich eine Grube. Fünf Meter tief. Zweimal im Jahr wird sie neu ausgeschachtet, damit die Quelle für die Bewässerung der Felder abfließen kann.

Wenn Hanno nur nicht soviel getrunken hätte …

Als die Partyleute herbeiströmten, war er noch guter Dinge. Er flüsterte mir ins Ohr, dass ich heute endlich mal was in Kleinenkamp erleben würde. Ein Schauspiel, das vielleicht so groß wie Woodstock würde.

Er war schon wieder mit seiner Kamera unterwegs.

Im Nachhinein ist uns klar geworden, dass Hanno mit irgendwelchen Helfern dieses @-Zeichen ins Maisfeld gefräst und dann im Internet von dem »Wunder« berichtet hat. Er soll dazu eingeladen haben, sich von dem erneuten Besuch der Außerirdischen selbst zu überzeugen und die größte Party des Jahrzehnts zu feiern. Das hat der Sohn von Egon herausgefunden. Der kennt sich mit Computern aus. Der hat festgestellt, dass Hanno der Urheber dieser Völkerwanderung gewesen ist. Er hat die Einladung zur Party geprostet – oder wie man das heutzutage nennt.

Wer auch immer den Holzdeckel weggezogen hat, der wollte Hanno nicht umbringen. Ich halte ja meinen Mann durchaus dazu fähig. Denn dem hat jemand was gesteckt, dafür kenne ich meine Nachbarn gut genug.

Dass Hanno kopfüber hineingefallen ist, war bestimmt nur Pech.

Und ich hatte schon von New York geträumt.

Oder wenigstens von Berlin.

Ein Leben an der Seite eines erfolgreichen Schriftstellers. Auch wenn sein 1000-seitiger Dorfroman nun ungeschrieben bleibt.

Ein letzter Anruf

Ein Krimi in zwei Stimmen

Hallo.
Ja bitte.
Hallo, ist da die Polizei?
Ja.
Hallo.
Hallo. Hier ist die Polizei.
Die Nummer, die Sie mir gegeben haben, ist falsch.
Welche Nummer?
Die Nummer, die Sie mir gegeben haben.
Ich hab Ihnen keine Nummer gegeben.
Doch, ich hab vorhin schon mal angerufen.
Das war mein Kollege.
Dann geben Sie mir mal den Kollegen.
Der geht nicht mehr ans Telefon.
Und warum?
Weil Sie ihn schon zehnmal angerufen haben.
Ja, aber die Nummer, die er mir gegeben hat, ist falsch.
Wie lautet denn die Nummer?
91661 9423.
Die ist falsch.
Sehen Sie.
Die ist falsch, die Nummer.
Und wie lautet sie richtig?
Die hat Ihnen mein Kollege mehrfach durchgesagt.
Aber sie ist falsch. Da meldet sich keiner.
Kann es ja auch nicht.

Und wieso?
Weil die Nummer falsch ist.
Dann geben Sie mir doch die richtige.
Das hat mein Kollege doch schon gemacht.
Dann geben Sie mir den Kollegen.
Der will nicht mit Ihnen sprechen.
Und wieso?
Weil Sie ihn verrückt machen.
Dann geben Sie *mir doch die richtige Nummer.*
Na gut, nur ein Mal. Aufgepasst. 9 1 6
Warten Sie, ich hole was zu schreiben.
9 1 6
Der Kuli schreibt nicht. Moment noch. Jetzt.
9 1 6 6 1 9 4 3 2.
Ich wiederhole.
Also.
9 6 1
Halt, das stimmt nicht. Es ist 9 1 6.
Aha.
Dann noch mal. 9 1 6 6 1 9 4 3 2.
Ich denke, die Nummer fängt mit 9 1 6 an.
Da tut sie auch. 9 1 6 6 1 9 …
Hab ich.
Prima. Und dann 4 3 2.
Also, ich wiederhole noch mal. 9 1 6 6 1 9 4 2 3.
4 3 2.
Wo?
Am Ende.
Also am Ende 9 1 6
Falsch: Am Ende 4 3 2. Am Anfang 9 1 6.
9 6 1.

9 1 6.

Am Ende?

Nein, verdammt. Am Ende 4 3 2.

Sach ich doch. 9 1 6 6 1 9 4 2 3.

Falsch.

Kein Wunder, wenn Sie mir die falsche Nummer geben, dass sich das Leichenschauhaus nicht meldet.

Ich hab Ihnen nicht die falsche Nummer gegeben, Sie haben sie falsch notiert.

Jetzt werden Sie nicht vorlaut, junger Mann. Also ich wiederhole noch mal.

Ein letztes Mal. Dann lege ich auf.

9 1 6 6 1 9 7 3 2.

Wo haben Sie denn jetzt die 7 her. Das ist eine 4. Nach der 9 1 6 6 1 9 kommt 4 3 2.

Aha. Das muss einem doch gesagt werden.

Ich sag die Nummer jetzt nicht mehr.

Dann wiederhole ich sie noch mal. 9 1 6 6 1 9 4 2 3.

Ich lege jetzt auf.

Ist die Nummer richtig?

Nein, die Nummer ist falsch.

Und warum?

Weil es am Schluss heißen muss: 4 3 2.

Das hab ich doch gerade gesagt.

Haben Sie nicht.

Was habe ich denn gesagt?

Das weiß ich doch nicht mehr.

Aber wenn Sie nicht zuhören, wie kann dann ein Mensch eine vernünftige Auskunft …

Jetzt hören Sie mal zu, seit Stunden belästigen Sie meine Kollegen mit dieser blöden Nummer. Hier ist das 6. Polizeirevier und nicht das Leichenschauhaus …

Das weiß ich.

Und warum rufen Sie dann immer wieder hier an?

Weil ich die richtige Nummer haben will, ich muss doch wissen, ob ich meinen Mann abholen kann.

Mein Kollege hat Ihnen schon zehn Mal die Nummer gegeben und ich jetzt mindestens auch schon fünf Mal, wie oft sollen wir denn noch …

Also, ich wiederhole: 9

9

1

1

6

6

6

6

1

1

9

9

Bis hierhin alles richtig?

Alles richtig.

4

4

2

Nein 3.

Wie 3?

4 3 2 Das ist doch ganz einfach, oder?

4 2 3

4 3 2

Und dann krieg ich das Leichenschauhaus.

Was wollen Sie denn überhaupt von denen?
Die haben gestern meinen Erich mitgenommen.
Was wollen Sie denn von ihm?
Das geht Sie gar nichts an.
Dann leg ich jetzt auf.
Ich muss Erich wieder hier haben.
Den kriegen Sie nicht wieder. Der kommt vom Leichenschauhaus direkt ins Beerdigungsinstitut.
Das geht nicht.
Das ist aber so geregelt.
Ich brauch den Erich noch.
Wieso?
Der hat mit dem Tapezieren im Wohnzimmer angefangen … wie das hier aussieht? Unmöglich. Das muss er erst noch fertig machen.
Dann bestellen Sie doch einen Maler.
Erich ist Maler. Der ist sogar Malermeister.

Aber wenn er tot ist …
Der stellt sich nur tot. Da bin ich mir ganz sicher.
Ist er von der Leiter gefallen?
Er hat die Schnapsflasche mit der Terpentinflasche verwechselt.
Ich leg jetzt auf.
Aber vorher sagen Sie mir noch ein Mal die richtige Nummer.
(Und jetzt alle im Chor: 9 1 6 6 1 9 4 3 2)

Geht doch!

Nachwort

Seitdem wir gemeinsam Krimigeschichten schreiben, es werden wohl an die 60 sein, sind wir immer weiter von dem klassischen Schema: Mordopfer – Tätersuche – Aufklärung abgekommen. Deswegen ist der Titel dieser Anthologie durchaus programmatisch zu verstehen. Nach »Auf ein Mord« nun also »Es muss nicht immer Mord sein«. Auch bei diesen Geschichten war uns daran gelegen, sie in zwei oder mehr Stimmen zu schreiben, nicht zuletzt, damit wir sie im Duett vortragen können.

Es gibt vier Intermezzi in dieser Sammlung, die einer kurzen Erklärung bedürfen.

»Im Wahlgang« ist der allererste Text, der 1968 von mir im »Tintenfisch«, dem literarischen Magazin des Wagenbach Verlages, gedruckt wurde. Ganz im Stile meines Romans »Nokasch u.a.«

»Abendprogramm für Axel Jensen« erschien 1969 in meiner Anthologie »Aufstand des Eingemachten«. Damit schließt sich ein Kreis, denn 2015 habe ich die Idee des virtuellen Reisens in meinem Roman »Einschalttote« wieder aufgenommen.

»Nachruf auf Mehmet Ö.« erschien 1989 in dem Band »Die Meute von Hörde.« Er wurde immer wieder nachgedruckt und auch ins Englische übersetzt.

»Wut im Bauch« aus dem Jahre 1991 erhielt ein Jahr später den Walter-Serner-Preis des SFB zugesprochen.

Alle vier Texte sind als Kontrapunkte zu den eher amüsanten Storys zu verstehen. Schwarzbrot, sozusagen.

Da unser Band »Auf ein Mord« leider vergriffen ist, haben wir zum Schluss unsere 3 Klassiker, die in vielen Lesungen erprobt worden sind, nochmal aufgenommen.

Bremen/Las Palmas
Marita und Jürgen Alberts

Krimi-Bestseller

Christa Picard

Mord im Moorexpress

192 S., TB, 14 x 19 cm
12,90 Euro
ISBN 978-3-95494-276-3

Gerade hat der Moorexpress seine letzte Saisonfahrt vom Weihnachtsmarkt in Stade nach Osterholz-Scharmbeck beendet, da entdecken die Eisenbahner in ihrem Zug einen Toten. Die Mordkommission steht vor einem Rätsel: Bei dem Opfer, einem älteren, gut gekleideten Herrn, finden sie keine Hinweise auf seine Identität. Niemand hat etwas von dem Mord mitbekommen. Die Ermittler machen sich auf die Suche nach den Mitreisenden. Einer von ihnen muss der Mörder sein …

Ein kniffliger Fall für Kommissar Peter Köster, Gisela Schmidt und ihr Team. Und dann ist da noch dieses Tagebuch einer jungen Frau aus dem Jahr 1943. Die Spuren führen ins Teufelsmoor …

Der Krimi handelt in nahezu allen Orten an der Moorexpress-Strecke: Bremen – Osterholz-Scharmbeck – Gnarrenburg – Worpswede – Bremervörde – Stade.

Christa Picard

Verschollen im Teufelsmoor

184 S., TB, 14 x 19 cm
12,90 Euro
ISBN 978-3-95494-176-6

Der Kommissar ist frisch aus dem Urlaub zurück, als Sonja Brünjes ihre Mutter vermisst meldet. Aber ist sie wirklich vermisst oder mit der neuen Liebe durchgebrannt? Als sie nach einer Woche nicht wieder zur der Arbeit erscheint, fangen die Osterholzer Kommissare mit ihren Ermittlungen an. Die Vermutung liegt nahe: Sonja ist nicht freiwillig untergetaucht.

Die Spuren führen ins Teufelsmoor, wo die Polizei in den Resten einer frisch abgebrannten Moorkate einen Schuh und eine Haarbürste der Vermissten findet. Doch welche Rolle spielen die Russen-Mafia, ein verschollenes, wertvolles Gemälde aus der NS-Beutekunst und die Bremer Spedition Spreewald und Schraube?

Ein weiterer kniffliger Fall für Kommissar Peter Köster, Gisela Schmidt, Leiterin der Verdener Mordkommission, und ihr Team.

Kathrin Steengrafe

Mord an der Wümme

244 S., TB, 14 x 19 cm,
12,90 Euro
ISBN 978-3-95494-264-0

Der 20-jährige Sven Hartmann wird am Borgfelder Deich tot aufgefunden. Weder ein Motiv noch weitere Hintergründe des Mordes sind erkennbar. Die Kommissarin Rieke Senger tappt bei ihrem ersten Fall in Bremen völlig im Dunkeln. Welche Rolle spielt der Verein »Helfende Hände e.V.«, bei dem Hartmann gerade eine Ausbildung absolvierte und Carmen Schütte ihre Stelle antritt? Die einzige Zeugin, ein depressives Mädchen, hüllt sich in Schweigen …

Krimi-Bestseller

Anja Schwarze

Kurs auf Mord

192 Seiten
Taschenbuch, Format 14 x 19 cm
12,90 Euro
ISBN 978-3-95494-223-7

Elsa und Fiete sind eine Zweckgemeinschaft.

Elsa hat ein Boot und Fiete möchten in der Nordsee angeln. Bevor die beiden Rentner jedoch in Cuxhaven ablegen können, müssen sie erfahren, mit welchen Mitteln der Konflikt Umweltschutz-Tourismus in der beschaulichen Urlaubsregion ausgetragen wird. Von einer jungen Umweltschützerin hören Fiete und Elsa einiges über Plastikmüll im Meer. Als dieselbe Frau als Leiche im Hafenbecken liegt, beschließen die beiden, auf eigene Faust zu ermitteln. Damit sie zwischen den profitorientierten Hoteliers, ambitionierten Fischern und hochengagierten Umweltschützern nicht die Nerven verlieren, greift Fiete auf das zurück, was er am besten kann: kochen – besonders natürlich Fischgerichte. Auch Elsa, für die Essen sonst nicht so wichtig ist, greift gerne zu, bevor sie ihren Segelschüler in das Bordleben einweist.

Elke Marion Weiß

Wattlauf mit dem Tod

288 Seiten
Taschenbuch, Format 14 x 19 cm
12,90 Euro
ISBN 978-3-95494-222-0

Der abgebrannte Journalist Adrian Blau muss sich seit seinem Rauswurf aus der Redaktion selbst nach lukrativen Aufträgen umtun. Da kommt ihm das unerklärliche Verschwinden der Malerin Jette Alba wie gerufen. Entführung? Erpressung? Oder gar Mord? Adrian macht sich auf die Suche nach der schönen Künstlerin.
Die Recherche führt ihn auf eine friedliche nordfriesische Insel. Dort muss er erleben, wie plötzlich das Böse in die Idylle eindringt: Brandstiftung, manipulierte Autobremsen, Baugruben fordern tödliche Opfer. Stehen die Morde in Zusammenhang mit einer ménage à trois, in die auch die Frau eines Politikers verwickelt ist? Oder geht es um das große Bauprojekt Wattenmeerpark am Rande eines Vogelschutzgebiets, das einen Inselkrieg in Gang gesetzt hat, der an Theodor Storms Schimmelreiter erinnert? Oder verbirgt sich etwas Größeres, Gefährlicheres dahinter?

Elise van Mark

Scherbellenskoppen

208 Seiten
Taschenbuch, Format 14 x 19 cm
12,90 Euro
ISBN 978-3-95494-210-7

Dreizehn mysteriöse maskierte Gestalten ziehen am Martiniabend in Heidland von Haus zu Haus. Am nächsten Morgen wird ein altes Ehepaar tot aufgefunden. Hat jemand den ostfriesischen Brauch der Scherbellenskoppen genutzt, um unerkannt die Morde zu begehen? Hexe, Teufel und der schwarze Mann machen sich verdächtig. Hat der kleine Marvin etwas gesehen, das ihn in Gefahr bringt, und warum ist der Sohn der Ermordeten verschwunden? Kriminalhauptkommissarin Janne Winkelmanns erster Fall bei der Polizeiinspektion Leer/Emden führt sie ausgerechnet in ihr Heimatdorf. Zum Glück gibt es dort noch ihre Tante Leni, die viel über alte Dorfgeschichten weiß. Ist vielleicht jemand der Meinung, dass sie zuviel weiß?

Weitere Titel von M. & J. Alberts in der Edition Falkenberg

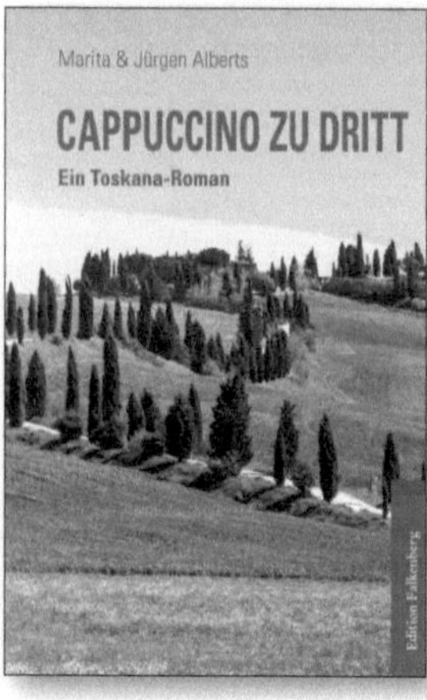

Marita & Jürgen Alberts

Cappuccino zu dritt

Ein Toskana-Roman

164 Seiten, Taschenbuch
12,90 Euro
ISBN 978-3-95494-122-3

Un trucco, so nennen die Italiener einen raffinierten Trick, mit dem Touristen um ihre Habe gebracht werden. Als Katharina und Billie, zwei Geschäftsfrauen aus Freiburg, nach einem ausgezeichneten Essen in Montecatini Alto in ihr Cabrio steigen, hämmert ein Junge einen Nagel in die Karosserie. Fast bekommen sie den kleinen Übeltäter zu fassen, aber dann müssen sie zusehen, wie der feuerrote Alfa an ihnen vorbeibraust. Auto, Handtasche, Papiere, Geld, alles ist weg.

Marita & Jürgen Alberts

Die Farben des Fado

Ein Roman aus Portugal

164 Seiten, Taschenbuch
12,90 Euro
ISBN 978-3-95494-123-0

Es war eine nicht sonderlich auffällige Anzeige in einer Lissabonner Tageszeitung: Für eine längere Reise durch Portugal Landsmann mit guten deutschen Sprachkenntnissen gesucht. Ohne recht zu wissen, was ihn erwartet, antwortet Amando. Wenig später ist er mit Hannah in Portugal unterwegs. Doch je mehr sich die beiden kennenlernen, je näher sie sich kommen und schließlich ineinander verlieben, desto größer werden Amandos Zweifel an Hannahs Geschichte. Als sie in Fátima plötzlich verschwindet, macht sich Amando erst große Vorwürfe, sie an diesen Ort gebracht zu haben, um sich dann auf die Suche nach ihr und der Wahrheit zu begeben.

Marita & Jürgen Alberts

Im Schatten des Teide

Ein Krimi von den Kanarischen Inseln

192 Seiten, Taschenbuch
12,90 Euro
ISBN 978-3-95494-124-7

Urlaub ohne Ende – wer wünscht sich das nicht? Während der Ferien auf Teneriffa verliebt sich das Ehepaar Ehrenstein in das kanarische Inselparadies. Hier ein Häuschen zu haben, das wäre ihr Traum. Welch ein glücklicher Zufall, dass sie in der Hotelbar den überaus charmanten Gunter Hidalgo kennenlernen, einen Inselbewohner, der nicht nur heftig mit Eva Ehrenstein flirtet, sondern dem Ehepaar auch die schönsten Ecken der Insel zeigt: den wolkenumkränzten Teide, einsame Strände, die besten Lokale und schließlich auch ihr Traumhaus mit Meerblick. Aber dieser Ausflug hat Folgen …